すべてをがんばりすぎなくてもいい！

顧問先の満足度を高める 税理士業務の見極め方

税理士 **井ノ上 陽一** 著

第一法規

はじめに

　税理士という生き方、楽しんでらっしゃいますか？

　仕事は仕事、楽しむものではないという考え方もあるでしょうが、私は自分が楽しみつつ、税理士という生き方を楽しみましょうというスタンスで活動をしています。

　人生のうちの多くの時間を占める仕事。
　税理士は、長くできる仕事です。
　その時間を楽しいものにできれば、人生全体が楽しくなります。

　そもそも、私たちは何のために仕事をしているのか。
　その1つは、お客様のお役にたつため、満足度を高めるためでしょう。
　しかし、そのために楽しむこともできず、つらい思いをしながら自分を犠牲にしてもいいのでしょうか？
　その状態で仕事を長く続けることができるでしょうか？

　お客様の満足度が高くなっているとしても、ご自身がつらい思いをしていたら、きっとお客様は喜ばないでしょう。
　自分がつらい思いをしていても、実はお客様に満足していただけていないということもあり得ます。
　つらい状態が続くと、大好きな仕事が嫌いになる可能性もあるでしょう。

それなりの力を注いで得た税理士資格（今、力を注いでいる方も含めて）。

　税理士業を嫌いにならないようにしたいものです。

　では、なぜ自分を犠牲にするほどつらい状態になってしまうのでしょうか。

　自分も楽しみ、お客様に満足していただくためにはどうすればいいのでしょうか。

　答えは、すべてをがんばりすぎず、力を抜くことです。

　あれもやらなければ、これもやらなければと思っていると、時間はいくらあっても足りません。

　そして、ご存知のとおり、税理士の責任は年々重くなっています。

　毎年の税制改正はもちろん、インボイス制度、電子帳簿保存法がスタートし、以前からAIやITなど新しい流れも広がり、確実にすべきことが増えています。

　もちろん、法にしたがって仕事をしているわけであり、絶対にすべきことはありますが、本当にすべてがそうでしょうか？

　ご自身である程度のさじ加減はできるものであり、すべてをがんばりすぎなくてもいいはずです。

　けっして手を抜くわけではありません、力を抜きましょう。

　私は、業務効率化を得意とし、業務効率化に関するコンサルティング、セミナー、書籍、ブログ、YouTubeなどの活動を行っています。

　そこでお伝えしている業務効率化の秘訣の1つは、「すべてをがんばりすぎない」「力を入れすぎない」ということです。

　本書では税理士業務において、どこに力を入れ、どこで力を抜くかをお伝えします。

2024年1月

税理士　井ノ上　陽一

すべてをがんばりすぎなくてもいい！

顧問先の満足度を高める
税理士業務の見極め方

目次

【第3章】お客様からの税務相談

【第4章】節税

【第5章】開業・設立・法人成りへの対応

【第6章】インボイス制度への対応

【第7章】お客様のための勉強

【第8章】月次決算でのチェック・打ち合わせ

【第14章】税務調査

【第15章】相続税

おわりに

第1章

税理士業務における力の入れどころの基準

1　この章のポイント

仕事のすべてに力を入れず、逆にどこに力を入れるか。

私はその基準として、

- ・お客様と自分
- ・時間とお金
- ・スピードと精度

のバランスをとることを考えています。

2　お客様と自分のバランス

仕事で、「お客様」に力を入れることは欠かせません。

ただ、多くの場合、お客様に力を入れすぎているケースが見受けられます。

バランスをとりましょう。

お客様から報酬を受け取っている以上、お客様に力を入れるのは当然のことではあります。

自分に力を入れすぎて、お客様をないがしろにしてはいけません。

税理士業務、特に顧問契約は、いったんご契約いただくと半永久的に仕事が続くもの。

だからこそ気を引き締めましょう。

では、どこに力を入れるべきでしょうか。

お客様の求めるもの＝ニーズに力を入れたいものです。

そのニーズとして最も大きいのはお金に関わることでしょう。
・資金繰り予測、融資の判断をして、お金を守る
・真っ当な節税を提案し、適切に納税していただく
・税務調査時の指摘で多額のお金が出ていくことを防ぐ
といったことは力を入れるべきポイントです。

記帳代行、税務申告だけにとらわれないようにしましょう。

しかしながら、お客様のためになるからといって、こういったことがあってもいいのでしょうか。

① 脱税、または脱税に近いことを認めてしまう

② 自分が仕事をかかえすぎて、時間を失ってしまう

③ お客様のためを思い、値段を下げてしまって、自分が苦しむ

特に「① 脱税、または脱税に近いことを認めてしまう」には気をつけたいものです。

懲戒処分となってしまいます。

懲戒処分とは、税理士としての資格について、国税庁から処分を受けるというものです。

その結果、税理士としての売上が一定期間または今後ゼロになってしまいます。

税理士を続けるためには当然のことながら税理士資格が必要です。

その税理士資格を守らなければいけません。

税理士業務を続ける上で、懲戒処分というリスクはつきものです。

　重いテーマであり、考えたくないかもしれませんが、この機会に向き合っておきましょう。

　税理士に限らず生きていく上でリスクはあるものです。

　そのリスクを恐れすぎないようにしなければいけません。

　交通事故を恐れすぎていたら、外を歩くことはできず、車を運転することもできなくなります。

　リスクを把握しつつ予防し、交通事故が起きたらどうなるかという想定はしておきたいものです。

　懲戒処分も同様に考えましょう。

　懲戒処分とは、次の3つです。

・戒告→注意

・業務停止→一定期間、税理士業をやってはいけない

・業務禁止→資格剥奪。今後、税理士業務をやってはいけない

　懲戒処分のうち「業務停止」であれば、一定期間のみ税理士業務をしなければいいということです。

　しかしながら、税理士業務で主なものは、顧問契約。

　顧問契約は事業の継続が前提ですので、業務停止であれば、実質的に顧問契約を解除しなければならなくなります。

　そうなるとその期間の税理士としての売上はゼロになってしまいます。

　そして、問題となるのが顧問契約を解除した方と再び契約できるかどうか。

現実的には難しいでしょう。

一方、懲戒処分のうち「業務禁止」は、税理士資格の剥奪。
原則として税理士としては仕事ができなくなります。

懲戒処分で、近年国税庁が出している数字は次のようなものです
（新型コロナウイルスの影響で2020年以降は少なくなっています）。

	2018	2019	2020	2021	2022
戒告	0	0	0	0	0
税理士業務停止	42	29	18	16	9
税理士業務禁止	9	14	4	5	4
合計	51	43	22	21	13

※国税庁ホームページ『税理士・税理士法人に対する懲戒処分等』より

懲戒処分の理由別に、国税庁のホームページで紹介されているデータを集計してみました。
最も多いのが、「故意による不真正税務書類の作成」です。

	禁止	停止	総計
故意による不真正税務書類の作成	10	5	15
信用失墜行為（多額かつ反職業倫理的な自己申告漏れ）		9	9
帳簿作成義務違反		4	4
業務停止処分違反	2		2
信用失墜行為（自己脱税）	1	1	2
信用失墜行為（その他反職業倫理的行為）		1	1
非税理士に対する名義貸し		1	1
信用失墜行為（業務け怠）		1	1
合計	13	22	35

「故意による不真正税務書類の作成」とは、

・売上除外、売上減額

・架空の外注費、支払手数料などといった経費を入れた

といったことをいいます。

事例には、「代表者の求めに応じ」「代表者の依頼により」という文言が見受けられます。

お客様が望むとおりにしたという理由は通じないということです。

多くの場合、「故意による不真正税務書類の作成」の処分はより重い「業務禁止」となっています。

懲戒処分の理由として次に多いのは、「信用失墜行為（多額かつ反職業倫理的な自己申告漏れ）」です。

自分の確定申告を期限までにしなかったという理由で、懲戒処分を受けています。

税理士たるもの、確定申告は期限までにしなければいけません。

この理由では、より軽い「業務停止」となっています。

また「信用失墜行為」には、当然、自己脱税もあります。

自己脱税、例えば自分の経理で架空の外注費を入れるということなんてしないと思っているでしょうし、私もそうです。

ただ、それでも魔が差す可能性はありますので、気をつけておきましょう。

「信用失墜行為」にはその他に業務け怠があります。

これは、お客様から依頼を受けたのに申告しなかった、お客様から

連絡がなくなった、申告書や元帳を返さないというものです。

　様々な事情はあるでしょうが、このようなことがないようにしましょう。

　「帳簿作成義務違反」は、業務処理簿をつくっていないというものです。

　税務申告、税務相談、税務調査立会などの記録を残しておきましょう。

　懲戒処分の理由には「名義貸し」もあります。

　税理士の名義を税理士以外の方に貸し、税務申告等をするということです。

　通常なら名義貸しなんてしないでしょうが、甘い誘いに乗らないようにしなければいけません。

　例えばハンコだけ押してくれないか（電子署名だけしてくれないか、税理士の電子証明書を貸してくれないか）というようなケースもあり得ます。

　そのときにきっぱりと断ることができるかどうかです。

　たとえお世話になった人からのお願いであっても、仲良くしている友人であっても同様です。

　仮に、業務停止になっている税理士へ名義を貸してしまうと、こちらも懲戒処分を受け、業務停止になってしまいます。

　外注で仕事を受ける場合も、外注で仕事をお願いする場合も気をつけましょう。

　また、懲戒処分で業務停止中、その期間に税理士業務をしてしま

うと「業務禁止」になってしまいます。

　そして、こういった事例をあり得ないと考えないようにしましょう。
　人間、ついうっかり忘れてしまうことがあるかもしれません。
　ご自身にもあり得ると考えて、毎回しっかりチェックしましょう。

　「懲戒処分を受けない」ということは、税理士業を続けるために間違いなく力を入れるべきことのひとつです。
　加えて、1つの顧問先で売上の大部分を占めるということがあってはいけません。
　もしそのお客様からお願いがあったときに断ることができなくなるからです。
　懲戒処分を受けないような仕事をするとともに、懲戒処分になるようなこと（脱税、名義貸し等）を断ることができるように（売上を失ってもいいように）しておきましょう。
　私の場合、1つの取引先による売上は、最大で全体の30％になるように努めており、常にその割合を下回るように気をつけています。
　自分を守るためにも必要なことです。

　もし懲戒処分を受けたら、自分だけではなく、家族、人を雇っていれば従業員そしてその家族にまで影響が及びます。
　ただ、懲戒処分を恐れすぎて、保守的になりすぎてはいけません。
　保守的になり、自分を守りすぎると、お客様へのサービスの品質が落ちます。
　バランスをとりましょう。

　また、お客様を守ることに力を入れすぎてしまうと「②　自分が仕事をかかえすぎて、時間を失ってしまう」といったことになりがちです。

　できる仕事量には限度があります。

　仕事を増やしすぎないようにしましょう。

　「お願いされたから」「紹介されたから」ではなく、仕事量は自分でコントロールすべきです。

　誰にでもいい顔をしてしまうと、今いる他のお客様へ迷惑をかけてしまいかねません。

　かかえこみすぎるのは、やめましょう。

　例えば、繁忙期に所得税の確定申告業務を増やしすぎて、法人のお客様に迷惑をかけてしまうのもやってはいけないことです。

　プロとして、時間管理は必須。

　ましてや、繁忙期があるのはプロ失格です。

　遊びの時間もなくなります。

　冬は遊びに行けない、好きなことができないということでいいのでしょうか？

　新規案件や税務調査という急な仕事もあり得ますし、顧問のお客様からの日常の相談もあるでしょう。

　「③　お客様のためを思い、値段を下げてしまって、自分が苦しむ」について、

安いほうがお客様に喜んでいただけるのは、事実です。

　しかしながら、安く設定したことによって、自分が苦しんでもいいのでしょうか。

　それをお客様がよしとするでしょうか。

　仮にそれをよしとするお客様がいたとして、そのお客様とお付き合いを続けていいのでしょうか。

　そのバランスをとるために、適正な値付けが必要となります。

　「安いから」と苦しみ、あげく手を抜くくらいなら、適正な値付けをして、その値付けに追いつくよう日々努力していきましょう。

　私の場合、お客様に対して個別に対応するサービスは安くしておりません。

　顧問契約が最も高く、その中でも毎月の打ち合わせ、年4回の打ち合わせ、年1回の打ち合わせと、打ち合わせの回数で値段をわけています。

　1対1の個別コンサルティングも安くはしていません。

　1対多であるセミナー・動画販売は少し安くしています。

　例えば、3,000円ということはありません。

　3,000円の値段をつけているのはKindleです。

　さらに、書籍（2,000円前後）、週刊メルマガ（月980円）という値付けをしています。

　値付けで最も大事なのは、0円、無料です。

　ブログ、YouTube、メルマガ税理士進化論、Voicy（ラジオ）、セルフマガジン（小冊子）は無料にしています。

　無料なくして有料はあり得ません。

　有料の顧問契約の値付けとともに無料という値付けをしていきましょう。

3 時間とお金のバランス

　仕事のどこに力を入れるか。

　時間とお金のバランスをとるべく力を入れましょう。

　多くの場合、時間ではなくお金に力を入れすぎてしまっています。

　もちろん、お金がなければ食べていけなくなるため、しかたのないことかもしれません。

　しかしながら、時間がなければ行動も思考も止まってしまいます。

　税理士業務は、半永久的に契約が続くというありがたい顧問契約があるものです。

　ただ、時間がなくなってしまうと、その契約が続いてしまうことが逆にデメリットになってしまいます。

　お金は際限なく稼ぐことができますが、時間には限度があります。

　1日24時間は誰にも変えられません。

　そして、人生にも限りがあり、なおかつ、いつ終わるかわからない

ものです。

　死にまつわる税金である相続税も仕事にする税理士なら、誰よりも
それをわかっているはずです。

　それでもお金に力を入れつづけ、売上だけを求めるのでしょうか。

　いや、本当の意味でお金を求めるのなら、売上だけを意識するの
は間違っています。
　税理士ならご存知のことでしょうが、売上から経費を引いた利益、
そして、お金を残さないと意味がありません。

　私は、この残るお金と時間のバランスにこだわっています。

　数字でいえば、売上や顧問のお客様の数にはこだわってなく、時
間あたりの利益にはこだわり、力を入れているのです。

　お金を稼いでも使う時間がないということはないでしょうか。
　せっかく独立して自由になったのに、もったいないことです。
　税理士は、独立後定年までお金をしっかり貯めて、悠々自適という
ことはできません。
　定年までが長いのはいいことですが、定年退職できない・退職金
をあてにできないからです。

　また、歳を重ねて、気力・体力が落ちることも十分考えられます。
　今、気力・体力があるうちにやっておきたいことをやっておきま

しょう。

　そのためにはたっぷりの時間とちょっとしたお金が必要です。

　お金だけではやりたいことはできません。

　そんなに稼いでどうするのですか？

　時間にも目を向けましょう。

　気力・体力、心身を鍛えることも必須です。

　仕事を選び、体力のケア＝運動もしておきましょう。

　そして、仮に時間がなく、稼いでもいないとしたら……。

　力の入れどころを間違っていると言わざるを得ません。

　お金＝数字＝売上への力を抜き、時間に力を入れていきましょう。

　まず、付き合い、コミュニティのしがらみなどの人間関係は、力を抜いてもいい部分ではないでしょうか。

　もちろん、ゼロにはできませんが、少なくとも減らしたいものです。

　仕事はスタッフに任せて、そういった付き合いをするのも大事かもしれません。

　しかしながら、本書でお伝えする力を入れるべきところと比べるとどうでしょうか。

　仕事を任せるスタッフを雇わない、または少人数雇っているという場合はなおさらです。

　「しがらみ」となり得るのは、30％くらいでお付き合いしたいと

思っても、100％、ときには120％を求められる場合です。

　人間関係で100％の付き合いをするのは、家族のみにしておきましょう。

　飲み会のたぐいもそうです。

　親睦を深める、営業になるという目的もあるでしょうが、多くの場合、かける時間が長すぎます。

　もちろん、好んで参加しているならいいのですが、そうでないならば減らしていきましょう。

　その分、お客様への対応に時間をかけることができます。

　他の税理士とのつながりを持ちたいということもあるかもしれません。

　学びたいなら、セミナーやコンサルティングを受ければつながりはできます。

　また、発信していれば、その発信の方向性に応じてつながりはできるものです。

　まずは、ご自身が、どういう人間かを発信しましょう。

　お客様に対しても税理士に対しても有益です。

　力を入れるべきところは他にあるはずです。

④ スピードと精度のバランス

　税理士はミスが許されないものです。

　プロとしての精度が求められます。

　しかしながら、その精度に力を入れるがあまり失っているものもあるものです。

　それはスピード。
　間違ってはいけないからと時間をかけすぎスピードを失ってはいないでしょうか。
　時間を目一杯使っていてもミスはするものです。
　もしミスをしたとき、時間をかけすぎてしまっていては、そのミスを挽回することすらできません。

　ミスだけではなく、トラブルも起こり得るもの。
　ある程度のスピードで時間をつくりつつ、ミスをしないという状況を目指さなければいけないのです。
　もしミスをしたときは、全力でその挽回をしましょう。

　ただし、スピードだけを求めすぎて精度をおろそかにしすぎてはいけません。
　スピードも精度も必要です。
　大きなミスをすれば損害賠償を請求される可能性もあります。

　損害賠償は、そのミスに対して、主にお客様から請求されるものであり、株主、金融機関、人を雇っていれば従業員からということもあり得るものです。
　その結果、資金減少、ときには自己破産につながってしまいます。
　自己破産になると税理士資格剥奪です。

損害賠償に対しては、事前にやっておきたいことがあります。

　税理士職業賠償責任保険に入るということです。

　リスクを多少は減らしてくれます。

　税理士職業賠償責任保険には、常に加入しておくことをおすすめします。

　それほど大きなお客様がいない、お客様が少ない、ひとりだからといわず例外なく入っておきましょう。

　私は、ひとり税理士であり、仕事量は少ないのですが（かつ大きなミスをしないよう力を入れていますが）、この保険に入っています。

　ミスは誰にでもあり得るからです。

　「ミスをしない」「ミスをしたことがない」というのは、ミスに気づいていないだけの可能性があります。

　金額は最低限でもかまいません。

　保険料によって補償金額に限度があり、一番安い保険料だと、1回あたり500万円の補償です。

　免責が30万円なので、自己負担が30万円ということになります。

　従業員数によっても保険料は変わります。

　相続税の案件が多いようであれば、金額は高くしたほうがいいでしょう。

　その他、事前税務相談、情報漏洩担保特約というものがあります。

　ただ、損害賠償のリスクが高いようなお客様は契約を継続するかどうかも考えましょう。

　この損害賠償、というよりもお客様への損害を防ぐために一定の精度を保ち、スピードを上げるべく業務を効率化していきましょう。

　第2章からは顧問契約から日々の相談、月次決算、決算・申告、税務調査までの流れ、そして相続税に沿ってまとめてみました。

　・お客様と自分
　・時間とお金
　・スピードと精度
　これら3つのバランスをとるために、本書で力の入れどころを伝えていきます。

　税理士業務の基本も確認しながらすすめていきましょう。

第2章
顧問契約

❶ この章のポイント

税理士業務は、通常、契約とともに始まります。

しかしながら、力を入れるのは契約自体ではありません。

■力を入れるところ

・発信

・値付け

・解約の決断

■力を抜くところ

・顧問契約の決断

・商談

・契約件数

❷ 顧問契約は慎重に

税理士業務をするには、仕事の依頼を受ける必要があります。

その仕事の1つ、顧問契約は、中長期的にサービスを継続して提供していくよさがあり、こちらとしても売上が安定するというメリットがあるものです。

一方で、顧問契約は、「やめる」ということがかんたんにできません。

・自分とお客様の気が合わない、合わなくなってきた

・リスクがある、リスクが大きくなってきた

・仕事量が増えてきた

などといったことがあっても、簡単にはやめることはできないのです。

売上が増えるとしても顧問契約は慎重になりましょう。
・紹介だから
・依頼があったから
・昔からの知り合い、友人だから
と安易に契約してはいけません。
契約判断基準を事前に設けておけば、決断にかかる力を抜くことができます。

その判断基準として、おすすめするのが、違和感です。
最初にご連絡いただいたとき、お目にかかったときに、「変だな」と感じたら、契約をしない、少なくとも保留しましょう。
直感、第一印象というものは、そうそう外れないものです。

人間関係で失敗した、と思ったときにそれをメモしておき、自分だけのデータベースをつくっておくのもおすすめです。
私は、それを第3章でご紹介するやらないことリストに加えて毎日確認し、過ちを繰り返さないようにしています。

例えば、
・最初のメール（お申し込み）の文章に違和感がある
・お目にかかったときに嫌な感じがした
・見た目（写真）が苦手

・上から目線すぎる、「税理士を使う」と考えている方
・SNSの投稿が好きではない
といった場合には気をつけるようにしています。

そのときのご自身の財政状況に応じて、判断基準が変わることは
あるでしょうが、そのときでも必要最低限のラインは守りましょう。

契約したらお客様が変わってくださる、わかってくださる、むしろ
「自分がお客様を変える」と思ってはいけません。
基本的に人は変わらないものです。

その他、次のようなことも判断基準となります。
いわば与信管理です。

例えば、
・前の税理士との解約理由（どちらにも理由があると考えましょう）
・値下げをお願いされないか
・こちらが望んでいない場合に丸投げをご希望でないか
・税金を払いたくないそぶりがないか
・面談する方と登記上の代表者が同じか
・代表者が複数人いないか
・個人的な借り入れがないか
・ご希望の連絡方法が一致するか
・決算書、会計データ等に違和感がないか
などといったところもチェックしています。

会社名、社長のお名前で検索してみるというのも大事です。

SNS、ブログでの発信もチェックしておきましょう。

これらには、つい本音が出ているものです。

また、ご契約いただく際には、ルールを決めて事前に伝えておくこともやっておきたいことです。

・メニュー（値段と内容）

・顧問料、決算料の支払時期

・契約期間

・解約時の手続き

・普段の連絡方法

・打ち合わせの回数、タイミング。対面かオンライン（Zoomなど）かどうか

・顧問契約の内容以外の仕事が生じた場合、どうするか

・請求方法

・サービス内容

・やらないでいただきたいこと（売上除外、架空経費）

もし顧問契約をお断りするのであれば、「お役に立てそうにありません。申し訳ありません」と丁重に伝えましょう。

そして、「紹介だから」と安易に依頼を受けてはいけません。

ご紹介をいただいて、自分が断ったらこの方はどうなるのだろうと思う必要はないのです。

第1章でも書いたように、大量の業務をかかえてしまうと、結果的

に自分がつらくなり、仕事の質が落ち他のお客様にも迷惑がかかってしまいます。

　紹介だから断ることができない、紹介だからやめられないということになるわけですが、他にも税理士はたくさんいます。

　私は、紹介を受けていません。
　ブログ、ホームページ等を直接ご覧いただき、メニュー（値段と内容）に納得いただいたうえで、お申し込みいただくようにしております。
　商談をする必要もなく、依頼の決定の連絡を待つ必要もありません。

　ご紹介いただいたから契約ということにするのではなく、事前の発信でお客様に自分を選んでいただけるようにしておくと、顧問契約の決断にかかる力をさらに抜くことができます。

　力を入れるべきなのは、発信です。

③ 仕事の入り口を整備

　発信に力を入れることで、仕事の入り口を整備することができます。
　仕事の入り口を整備せずに、どんな仕事、どんな方でも受け入れるのは、危険です。

　発信とは、
　・人（人柄）
　・腕

　・メニュー

をお客様に伝えることです。

　発信した内容をご覧になったお客様に、自分を選んでいただくのです。

　「選んでいただく」という表現をすると、守り、待ち、消極的といったイメージがあるかもしれませんが、そうではありません。

　発信するということは、いわば両刃の剣、メリット・デメリットがあるもの。

　その一言を書くことで、仕事を失うこともありますし、嫌われることもあり、ご依頼がなくなることもあります。

　その一方で、自分が望む方から望む仕事の依頼を直接いただける可能性があります。

　むしろ、発信とは、攻め、積極的なものです。

　私は交渉、商談を独立当初以外ほとんどしておりません。

　ご依頼が確定してからご連絡いただいており、相見積りもありません。

　仕事のご依頼は、ほぼ100％決まっています。

　発信を徹底して続けているからです。

　他社との比較はしていただいているかもしれませんが、それはご依頼の前に、私の発信をもとにお客様のほうですでにしていただいています。

　こうしておくとお互い効率がよくなるのです。

もちろん、多くの問い合わせを受け、商談をし、顧問契約を受けるかどうかを決断する方法もあります。

　しかしながら、問い合わせが10件あり、そのうち1件が決まるということをやっていては、他の9件との商談・やり取りの時間が無駄です。

　そして、商談そのものにも時間がかかるもの。

　税理士業務は、中長期的にはそれなりの金額になりますが、短期的にはそれほどでもありません。

　商談、つまり顧客獲得に時間をかけすぎると、効率は下がります。

　お客様にこちらに来ていただく、あるいはオンラインミーティングだとしても、それなりの時間がかかるものです。

　商談なしでご契約いただいたほうが好ましいでしょう。

　さらに、商談の場でお断りするというのは、少なからずストレスを感じるもの。

　特に目の前でお願いされたら、なかなか断りにくいでしょう。

　商談で交渉するテクニックがあれば別ですが、そうでないならば（私もそうです）発信がおすすめです。

　断らなくて済む仕事、大好物な仕事を、提示したメニューでご依頼いただき、なおかつ、そのお客様と気が合う。

　それが実現できるのが発信です。

私は、
・ブログ
・メルマガ（税理士、独立、社長、セミナー情報に関するもの）
・ホームページ
・YouTube
・Voicy（ラジオ）
・セルフマガジン（小冊子）（ネットでご依頼いただき、郵送）
・Kindle
・SNS
・書籍
・オンラインサロン
などといった発信ルートを持っています。

　こういった発信があるからこそ、リアル＝対面でお目にかかった後にもつながりを持てるのです。

　しかしながら、発信は楽ではありません。
　少なくともそれなりの質、それなりの量が必要です。
　毎日なにかしらの発信はしておきましょう。

　税理士で何かを発信している方は少なく、多く見積もっても30名ほどです。
　それなりの質・量に限れば、もっと減ります。
・ホームページがない
・ホームページがテンプレートのもの
・ホームページ、ネットに写真が出ていない

・プロフィールに個性がない
・ネット上にテキストや動画での情報がない
ということも多いものです。

今から始めても十分チャンスはあります。

発信に力を入れておきましょう。

　知人、友人、お客様、士業の方からの紹介や税理士紹介会社、会計ソフトに頼りすぎていては、
・値段勝負
・ミスマッチ
・契約トラブル
になる可能性もあります。

「ネットからはいいお客様にご依頼いただけない」という声もよく聞きます。

　それは、その発信に問題があるからです。

　形だけの、さしさわりない発信だと、お客様側も判断が難しくなります。

　八方美人を目指さず、できないことはできないと明確に出しておきましょう。

　税理士は、外から見たら違いがわかりません。

　みなさんが、他のサービスを依頼するときも同様でしょう。

　もちろん、税理士としての腕を磨き、発信するのは大前提です。

　その腕とともに、人、つまり人柄、考え方、行動、好きなもの、嫌いなものをできる限り、出していきましょう。

　私は、業務効率化、お客様との時間を大事にする、家族との時間も大事、電話は使わない、紙は使わない、脱税はNG、記帳代行はしないといったことを常に発信しています。

　その結果、それを好むお客様に来ていただいているのです。

・家族との時間なんて！仕事第一にしてほしい

・税理士業務だけをやっていてほしい

・業務をすべて丸投げしたい

といったお客様は、いらっしゃいません。

　こういったことは最初からできるわけではなく、精度を少しずつ上げていくものです。

　こちらが本音を出さなければ出さないだけ、ミスマッチのリスクは高まります。

　逆にいえば、発信さえしていれば、ミスマッチは減るのです。

　また、「発信しても見ていただけなければ意味がない」という考え方もありますが、けっして見ていただくことがすべてではありません。

　発信することで、税務を含めた知識やスキル、思考を整理でき、自分の軸や腕を磨くことができます。

　仮に紹介を受けた場合や、リアルでの営業であっても、磨いた軸や腕は役に立つものです。

　発信は最高の勉強、鍛錬の場と言えます。

こうした発信にはメニューが欠かせません。
まずは値付けを工夫しましょう。

4 値付けを工夫し、件数を増やさない

値付け、値段をどう決めるか。
顧問料が年間100万円のお客様が10社だと1,000万円
顧問料が年間20万円のお客様が50社だと1,000万円
です。

10社と50社、みなさんならどちらを選びますか?
仕事量をコントロールするなら、適正な値付けは欠かせません。
仕事量として前者のほうが好ましいのはいうまでもないでしょう。

・最初は安く、徐々に高くする
・安く多く仕事をこなす
・安く仕事を獲得し、従業員に任せる
という方法もあります。

どの方向性でいくかで、値付けも変わってくるものですので、その
方向性に合った値付けをしなければいけないということです。

私の場合は、ひとりですので、なおさら顧問契約ができる数は限ら
れます。
仮に規模が小さく特殊事情がない場合でも1件ごとに時間がかかる

ものです。

- ・会計データのチェック（記帳代行があれば記帳代行も加わる）
- ・税務申告書作成、チェック、提出
- ・税制改正への対応
- ・お客様からの相談、お客様や税務署等とのやり取り
- ・税務調査
- ・資金繰り
- ・融資

などは、件数が増えれば増えるほど比例して時間がかかります。

規模に限らず、件数をおさえるようにしましょう。

「値段が高いとご依頼いただけない」と思われるかもしれませんが、そうではありません。

発信をしないから値段が安くなるのです。

サービス内容が定かではなく、どこに頼んでも同じということなら、安いほうがいいでしょう。

その中で勝負をするかどうかです。

「顧問先○件」「独立して1年で○社」「売上○円」という数字は、税理士の成功の証のように思われることもありますが、私は興味がありません。

時間あたりの利益のほうを重視しています。

もしこの方向性でいくなら、件数は増やしすぎないようにしましょう。

顧問契約だけではなく、所得税の確定申告も同様です。

　もし仕事量を増やしすぎたとき、そして、状況が変わったときには、解約も考えましょう。

⑤　解約を決断しよう

　仕事量が増えすぎたときには、
　・人を増やす（外注する）
　・業務を効率化する
　・仕事をやめる
　しかありません。

　「人を増やす」ことができるなら、それも1つの方法ではあります。

　「業務を効率化する」は多くの場合、その余地がありますが、かんたんなことではありません。
　仕事量が10として、10を3にできる可能性もありますが、10を8にしかできないこともあります。

　「仕事をやめる」というのは、10を0にすること。
　顧問契約でいえば、解約ということです。
　これができれば、最も効果的です。

　最初のうちは、割に合う仕事でも、次第に合わなくなってくること

もありますし、お客様と方向性が違ってくることもあり得ます。

　こちらが変わることもあれば、お客様が変わることもあるのです。
　そうなったときに、お互いのために顧問契約の解除（解約）も検討しましょう。
　契約時に
　・双方から解約ができる
　・契約期間は1年（自動更新なし）
　と決めておくと、リスクヘッジになります。

　解約ではなく、更新しないという選択ができるからです。

　今の値付けとは違う条件で契約していた場合、条件変更や解約も検討しましょう。
　解約はないにこしたことはないのですが、仕事を入れ替えるという感覚も大事です。

　解約の決断・英断は力を入れるポイントといえます。

第 **3** 章

お客様からの税務相談

1 この章のポイント

お客様にとって顧問業務の魅力の1つは、いつでも相談できること。

本当に「いつでも相談できるかどうか」を含めて力を入れていきましょう。

■力を入れるところ

・相談時間、余力の確保

・適度、適切な返信

・打ち合わせの位置付け

■力を抜くところ

・電話

・リアルタイムの返信

・わからないことをなくす

2 相談を受ける時間はあるか

税理士業務では顧問のお客様からの相談に答えられるかどうかが大事です。

私は臨機応変な対応や、気持ちに余裕を持てるようにするため、余力と時間をつくることに力を入れています。

相談だけではなく、

・月次、決算の質を上げる

・ミスを減らす

・トラブルに備える

・勉強する

・新規の仕事に対応する

ためにも時間は欠かせません。

予定が入っていない空白の時間をつくるようにしましょう。

それが税理士業務の質を上げます。

私は次のようなことをして、空白の時間をつくっています。

・予定を入れない

・TV、ニュース、新聞、SNSを見ない

・コミュニティのしがらみをつくらない

・望まぬランチ会、飲み会に行かない

・電話を使わない

・パソコンを常に持ち歩く

・行列に並ばない

・早起きする

・やらないことを決める

・業務を効率化する

予定を入れない

　カレンダーが予定でびっしりと埋まっていないでしょうか？

　もし予定で埋まっているとしたら、その時間帯は相談を受けることはできません。

私がこの原稿を書いているのは、2023年10月16日（月）。

この1週間の予定は次のとおりです。

・16日（月）なし
・17日（火）午後からプロフィール写真撮影の仕事（90分）
・18日（水）昼過ぎと夕方に動画クリエイターのセミナーに参加
　　　　　　（120分）
・19日（木）17時からトライアスロンの打ち上げ（90分）
・20日（金）出版社の講演（Zoom）を自宅から（60分）

これらの予定以外は何もしていないわけではなく、
・発信（ブログ、YouTube、Voicy、メルマガ税理士進化論、週
　刊メルマガ、社長限定メルマガ、オンラインサロン）
・本書をはじめとする執筆
・講演の準備
・土曜日のセミナー（ひとり税理士の仕事術）準備
そして
・顧問のお客様に関する仕事
をしています。

すでに月曜日に顧問のお客様からご相談もありました。
こうしたご相談や、もちろん新規のご依頼にも備えています。

TV、ニュース、新聞、SNSを見ない

　普段は、TV、ニュース（ネットを含む）、新聞、SNS（特定の方の
投稿を除く）を見ないようにしています。

　TV、ニュース、新聞は情報源でもありますが、ノイズ（余計な情報）も多いものです。

　ついつい見てしまうと、集中力が落ち、効率は下がり、時間が奪われます。

　税務をはじめ情報収集や勉強は、読書、セミナー、コンサルティングでもできることです。

　ストレスを感じ、義務感にとらわれた幅広い情報収集は必須ではありません。

コミュニティのしがらみをつくらない

　コミュニティに属すると、つながりができますが、それがしがらみにもなるのがデメリットです。

　むやみに属さないようにしましょう。

　連絡、定例会などがあると、時間を奪われてしまいます。

望まぬランチ会、飲み会に行かない

　ランチ会、飲み会も注意が必要です。

　特に夜の飲み会は長くなり時間を奪われ、そして、その疲れから翌日の効率が落ちます。

　気をつけましょう。

電話を使わない

　電話は時間を奪います。

　双方のタイミングが合わないと連絡や相談ができないからです。

　落ち着かない状況の中で電話で話すことは、効率がいいとはいえ

ません。

　そして、電話がかかってくると、そのときの仕事や打ち合わせが中断してしまいます。

　こちらが電話をかけることで、お客様の邪魔をしてしまう可能性もあるのです。

パソコンを常に持ち歩く

　パソコンを常に持ち歩くことで、メールでの連絡がとりやすくなります。

　スマホでももちろん相談に返信はできますが、パソコンのほうが入力効率は格段に上がるからです。

　また、パソコンであれば調べながらのメールもしやすくなります。

行列に並ばない

　行列に並ぶのは無駄です。

　ネットでの予約、モバイルオーダー（スマホでの注文・決済）、セルフレジなどをうまく活用しましょう。

　並んでいる間に読書でもしていればいいのですが、並ばないにこしたことはありません。

　モバイルオーダーに対応している店なら列に並ばないようにしましょう。

　そういった日々の積み重ねが時間を生むのです。

早起きする

　早起きをして、自分だけの時間をつくるようにしています。

　夜にも自分だけの時間をつくることはできますが、1日の疲れもあり、効率はどうしても落ちます。

やらないことを決める

　やらないことを決めましょう。

　行動の判断が早くなるからです。

　やらないことをリストにして、私は毎日見ています。

　例えば、次のようなものです。

・X（Twitter）を見ない（特定の方を除く）

・夜、お酒を飲まない

・○○（会）に行かない

・缶コーヒーを飲まない

・値下げしない

・紹介を受けない

・○○の講演は受けない

・自費出版しない

・懲戒処分されない

・損害賠償を請求されない

・歩きスマホをしない

・請負の仕事をしない

・サードパーティ（純正以外）のレンズを買わない

・入金催促に躊躇しない

・交通事故に遭わない

・徹夜しない

・明らかにコピペされたとわかるメールによる仕事の依頼を受けない

・最終便に乗らない

　また、やりたくないことをやってしまい、自己嫌悪に陥るのも時間の無駄です。

　お客様からの無理のある要望（脱税、値下げ、過度な付き合いなど）をお断りするときにも役立ちます。

業務を効率化する

　業務を効率化できることは徹底して効率化しましょう。

　資料をつくることに時間をかけてもお客様は喜びません。

　業務効率化の基本は、仕事量を減らすこと。

　仕事量を減らすと、相談に答える時間ができますし、それぞれのお客様に真摯に対応できます。

　そのためには、圧倒的な強みと値付け、件数主義（件数が多いほうがいいという考え方）を捨てることが欠かせません。

3 やってはいけない効率化

　時間をつくるためとはいえ、こういった方向性で効率化を考えてはいけません。

仕事の時間を増やす

　仕事が終わらないから仕事の時間を増やすというのは愚策です。

　22時まで仕事、土曜日・日曜日も仕事、GWを利用して仕事といっ

たことをするから仕事が終わらないのです。

　仕事をしてもいい時間を決め、その時間内にどうしたら仕事を終わらせることができるかを考えましょう。

　もちろん、いざというときにはそれらの時間を使わざるを得ないこともありますが、最初から安易に仕事をする時間を増やしてはいけません。

仕事を増やす

　業務を効率化して得た時間を別の仕事に使わないようにしましょう。

　いつまでたっても仕事だけの人生になってしまいます。

まとめて処理

　一斉送信や一斉郵送ということをしないようにしましょう。

　e-Taxのトラブルがあったとき、一斉送信だとどうしようもありません。

紙の効率化

　紙を使う仕事を効率化することは考えないようにしましょう。

　捺印、ラベリング、スキャン、ファイリング、プリントアウトといった仕事やそれらを分類するためのビニール袋やボックスなどはデータ化すれば必要なくなります。

スキャンに頼る

　紙をそのままスキャンして効率化しないようにしましょう。

　あらかじめデータで受け取ればスキャンの手間は必要ありません。

外注してスキャンしてもらうというのも避けたいものです。

いくらAI・OCRで読みとることができるとしても、通帳のスキャンも同様です。

ソフト頼り

税務ソフト、会計ソフトに頼りすぎないようにしましょう。

業務効率化は考えられていないからです。

みんなでやろうとする

組織の場合、結束を固める、キックオフミーティング、打ち上げ、汗をかく、みんなでがんばるということは効率化をする上での優先順位は高くありません。

チームプレーは独立した個があってこそ成り立つものです。

ひとりの場合も、誰かと組む「一緒にやりましょう」という誘いに気をつけましょう。

組織やチームのコミュニケーションとして、チャットはもちろん、会議が必要かどうか。

そして、その議事録、報告書が必要かどうかを見直しましょう。

内部の雑事は極力なくすべきです。

管理には限界があります。

お客様のほうを向いて仕事をしましょう。

AIに頼りすぎる

AIには限界があります。

AIで書いた文章、メールがお客様に響くかどうか。

現状はまだまだ人のほうがお客様に響く文章を書けます。

仮にうまく書けるとしても、AIを使うかどうかです。

本書が、すべてAIが書いたものだったら、どう思うでしょうか。

あることないこと適当に書いているかもしれません。

電話を使う

電話を録音し、テキスト化するような効率化はやめましょう。

メールにすれば済む話です。

優先順位を間違う

第2章にあるように、業務効率化には仕事の入り口の整備が欠かせません。

そして、仕事量が多いと業務効率化はできません。減らしましょう。

効率化の基本は、ゼロにすること。

10を8にするよりも10を0にしましょう。

仕事だけを優先するのではなく、家族、自分も大事にしましょう。

睡眠、食事の優先順位を下げてはいけません。

趣味はありますか？

仕事だけではなく、「人生」における優先順位を考えましょう。

❹ 税務相談は基本的にメール、チャットで

税務相談の手段は、メール・電話・チャットなどがあります。

どういった方法で相談を受けるか最初のうちに決めておきましょう。

私は、相談方法は基本的にメールで統一させていただいています。

　電話はいつでも出ることができるわけではなく、かえってご迷惑をおかけしてしまうので使っていません。

　本来の意味で「いつでも相談できる」を実現するためのメールです。

　留守番電話にメッセージを残していただくことが「いつでも相談できる」にはなりません。

　また、メールだと、ご相談いただくときにファイルやスクリーンショット、写真を添付していただくこともできます。

　より的確に、より早く相談に応じることができるわけです。

　こういったことも契約時または日々の発信でお伝えしております。

　「電話のほうが早い」とよくいわれますが、早くはありません。

　もし話したほうがいいことがあれば、Zoomで話すこともあります。

　突然かかってくる、突然かける電話と事前に日時を指定するZoomは、性質がまったく違うものだからです。

　メールの他にはチャットも使っています。

　使う頻度順には、

・Facebook Messenger

・Discord

・Chatwork

・Slack

・LINE

・InstagramのDM

・XのDM

などです。

　例えば、お客様がLINEがいいとおっしゃった場合も、
「メールでいかがですか、LINEは仕事で使っていないので」
と粘ります。
LINEは、プライベートの連絡で使っているからです。

　ただ、チャットでも、リアルタイムのやり取りでは使っていません。
通知はオフにしています。
　それでも、そつなく翌営業日には返信していますので、特に問題は
ありません。
　翌営業日の返信で、もし「返信が遅い！」というお客様がいらっ
しゃったとしたら、その方とは仕事を続けることはできないでしょう。
　メールやチャットが入ったからといって、目の前のお客様への対応
を後回しにしてそちらを優先するというのは何ともおかしな話です。
　メールやチャットを優先するわけではなく、ある意味、平等にさせ
ていただいております。

　メールでのみ相談可能なメールコンサルティングというメニューも
用意していますが、このプランでも、午前中なら当日、午後なら翌日
までにというルールにしています（おおむね当日に返信させていただ
いております）。

　自分の軸を守りつつ、お客様が納得いくスピードで、返信するよう
にしましょう。

土日、夜かまわず返信するところまでお客様が求めるかどうかです。

　一方で忙しくなりすぎて、または繁忙期で、連絡が途切れがちになるということは避けましょう。

　私は、基本的に当日、遅くとも翌営業日の平日日中に返信し、早朝や夜は返信しないと決めています。

　最初のメールは、午前9時以降です。

　早朝に起きているのですが、メールや連絡はしないようにしています。

　そのことはお客様もご存知なのですが、その時間は連絡に使わないということにしているのです。

　もちろん内容によっては、即返信させていただくこともありますし、メールを拝見して、急ぐと喜んでいただけるなと思うときは、返信しています。

　メールをすぐに返せないときに、無駄に謝らないことも大事です。

　ミスというわけではありませんから。

　「返事が遅れて申し訳ありません」と安易に書くことや、「予定があった」「他の仕事があった」「メールを見る時間がなかった」「休んでいた」など、言い訳をしないようにしましょう。

　特に「休みでした」は書いてはいけません。

　お客様に過度の気遣いをさせてしまうからです。

　こちらのタイミングでもメールを返しているという設定にし、お客

様にもそれでいいということを示しています。

　またお気遣いいただかないように、金曜日、平日の午後には基本的にメールをしません。

　その返信を夜や土日にいただいてしまうからです。

　メールに力を入れすぎるとそれだけで疲れてしまい、時間を使ってしまいがちです。

　今日は1日メールで終わったといったことにもなるでしょう。

　そういったことにならないよう「何でも聞いてください」「何かあったらすぐご連絡ください」といったことも安易に付け加えるべきではありません。

　もちろんこちらからも、むやみに連絡しません。

　次の打ち合わせで伝えたいことを思いついたら、メモをしてその次のタイミングに伝えることにしており、こちらからの質問はできる限り打ち合わせ時に終えるようにしています。

　月次、決算でも、その場でうかがったほうが効率よく処理できることもあるものです。

　打ち合わせ時に話したことの単なるまとめを送るということも基本的にはしません。

　何を話したかではなく、その後お客様が何をするかが大事だからです。

　次回まで、またはすみやかにやっていただきたいことはまとめて

送っていますが、あくまで打ち合わせ中に完結するのが基本です。

　税務相談を受けるときに、気になるのは、自分が「わからないことがあったら」でしょう。

　ここは力を入れないようにしています。
　わからないことがなくなることはないからです。
　誰に聞いてもわからない、どこにも書いていないということはあり得ます（税務署に聞くことは解決策とはなりません）。
　もちろん税理士試験にも出てこないものがほとんどですし、研修を受けていれば答えられるものでもありません。

　わからないこと、曖昧なことは、すぐに答える必要はなく、調べて自分の考えをしっかりまとめてお伝えすることに力を入れましょう。

　そのときに税務署、本、他の税理士、ネットの言葉を鵜呑みにしないようにしたいものです。

第 **4** 章

節税

1 この章のポイント

お客様が税理士に求める節税。

その要望には正しく応えたいものです。

節税では、次のポイントに力を入れましょう。

■力を入れるところ

・節税をどう伝えるか

・脱税にはしない

・お客様のニーズ、好みを聞く

■力を抜くところ

・何が何でも税金を減らすこと

・すべての節税方法をおすすめすること

・節税額

2 節税の伝え方

節税はやはりニーズがあります。

節税のノウハウについては、税理士ごとの差はあまりないのです
（そう考えております）が、節税についての考え方、お客様への伝え
方は工夫の余地があるものです。

節税をどうやって見せていくか。

　まず節税を武器にするかどうか、税理士としての強みにするかどうかという悩みもあるかもしれません。

　「節税」という言葉を使うと、好ましくない（脱税に近いことを望んでいる）お客様を引き寄せてしまうと思われるかもしれません。
　しかしながら、それ以外のお客様にも節税のニーズは確かにあり、お客様が税理士に顧問契約を依頼する大きな理由の1つです。
　節税を武器にしない手はありません。

　もちろん節税には限りがあります。
　節税しすぎると会社のお金が減ってしまう、誰も知らないような節税はない、というように節税への期待値をコントロールしながら、うまく強みを出していきましょう。

　ご自身がおすすめしない節税もあるはずです。
　それらも事前に伝えておきましょう。

　そもそも「税金を1円たりとも払いたくない」という方とは仕事をしないということも大事です。

　節税は、新規の契約を結んだときや税理士が変更になった最初の年は、それなりに喜んでいただけることがあります。
　「あれもできます」「これもできますね」「こういう節税のやり方がありますがご存知ですか？」と提案することでお客様の満足度は上がっていくものです。

しかしながら、2年目以降は、その技が使えません。

　できる節税をすべて実践していたとして、毎年新しく使える節税が出てくるというわけでもありません。
　1年目はいろいろと提案できても、2年目以降はトーンダウンするでしょう。
　いずれにせよ、節税のみを強みにし続けることはできません。
　その他の資金繰り・融資、税務調査、そして、何でも相談できる・安心して話せるといったところに価値を置き、強みにしましょう。

　とはいえ、節税はその強みの1つではあるので、徹底的にこだわり、「節税し尽くした」という段階を早めに提供しましょう。

　では、どういった節税方法がいいか。
　法的に真っ当な節税、無茶なやり方をしないことが大事です。
　リスクを負いすぎる、支出が多すぎるものにこだわりすぎないようにしましょう。
　真っ当な節税は、最適化という言葉でも表現できます。

　最適化、つまりちょうどいいバランスをとるというところにお客様を導くというのも税理士の役目です。
　それを踏まえてお客様と共有しておきたいことがあります。

　・節税には限界がある
　・節税は課税の繰り延べにすぎないものもある

・節税はお金を失う

この3つです。

節税には限界がある

税金は払いたくないものですし、払わないで済むのなら、それにこしたことはないでしょう。

ただ、「税金を払いたくない」と節税しすぎてしまうと、ときには脱税につながり、結果お客様自身が困ることになります。

お客様に対して「税金を払わないとお金が貯まらない」「税金を払うとお金が貯まる」ということをわかっていただいてからが最初のスタートです。

節税自体ではなく、そこに力を入れましょう。

そうでなければ、毎年、「税金は嫌です、何とかなりませんか」「そんなに払うんですか？」「せっかく稼いだのに」という言葉を聞くことになります。

「利益が増えれば税金が増える」

その抗いようがない事実をわかっていただくというのが大事です。

どうしても税金を払いたくないのなら、売上を減らせばいいのではないでしょうか。

もっといえば、給料だけ受け取る独立前に戻ればいいのです。

利益がどんなに増えても税金を0にするまで際限なく節税ができる

というわけじゃないということは共有しておかなければいけません。

　そして、節税の手法には限りがあるということをお伝えするのを心がけましょう。

　節税のリストをつくって、「今できる節税はこれだけあります。すでにお客様がしているのはこれとこれ、今後できるものはこういったものです」と示しましょう。

　「この節税は今後できるとしても、どうしますか」といった話をあらかじめしておくと、いい意味でお客様は諦めてくださる可能性があります。

　例えば社長へ役員退職金を払えば節税になりますが、社長の退職はまだまだ先の話ということもあるでしょう。

　そうすると、いったんはそこで諦めていただけます。

　資産を処分するということも節税になりますが、そもそも資産がなければしようがありません。

　別会社をつくることでも、確かに節税はできますが、その分手間は増えますし、税理士報酬も増える可能性もあります。

　インボイス制度スタート後は、その別会社でインボイスに登録するかどうかも考えなければいけません。

　きちんと諦めていただくというのは大事です。

　そうしないと「もっと節税できるのではないか」「うちの税理士はこう言うけど、もっと節税できたのではないか」といった不安や不満がお客様に残るでしょう。

　契約して最初のうちに、または、折に触れて、節税リストの解説を
してみましょう。

　今打てる手はすべて打った、これ以上できる節税はもうないですよ
ということをきちんと伝えておきたいものです。

　節税にもお客様ごとに好き嫌いがあります。

　生命保険で節税できますよとお伝えしても「そんなことしない！」
という方もいらっしゃるでしょう。

　お客様の好き嫌いも把握しておきたいもので、そんなとき、この節
税方法のリストをお見せすると便利です。

　リストをお見せしてどういう反応をされるかを軽く確認できます。

　それぞれの節税に対してどう思ってらっしゃるか、ご存知かどうか
も確認できるのです。

節税は課税の繰り延べにすぎないものもある

　ご存知のとおり、課税の繰り延べにすぎない節税もあります。

　例えば、経営セーフティ共済（中小企業倒産防止共済）。

　掛金を払うと、その全額を経費に計上できるので、そのときの税
金は減らせますが、解約したときには、その解約返戻金に課税されま
す。

　仮に法人税等の税率が今後上がっていけば意味があるものですが、
そうでなければ、単に課税を繰り延べているだけです。

　こういったものをどう考えるか。

　課税を繰り延べるだけで、結果は一緒なのですが、今だけ節税が
できるというようなものです。

今節税しておいてお金を貯めたほうがいいという考え方もあるで
しょうし、結果的に一緒だからやらなくていいという考え方もありま
す。

　どれが正解というわけではなく、考え方や方針をお客様と共有して
おく必要があるということです。

　生命保険も同様で、課税の繰り延べ効果でしかありません。
　その解約返戻金に、役員退職金を充てて、解約時の納税で減らす
といったこともよくいわれています。
　しかし、本当に解約返戻金のピークとタイミングを合わせてすんな
り退職できるでしょうか。

　ただ、課税の繰り延べは、心理的にメリットがあります。
　たとえ繰り延べでも、今の税金を減らしたいのは事実ですので、
まったくおすすめしないわけではありません。
　節税によりお客様が満足されればあえて繰り延べのしくみについて
解説し、その上で実行するのも1つの考え方です。

節税はお金を失う

　もっと節税したいというときに、必要なものを買い、経費として計上
すれば節税になります。
　ただ、お金は出ていってしまうものです。
　節税ばかり気にしているとお金がなくなってしまいます。
　どうせ税金がかかるからと何かを買うというのはある意味正しいの

ですが、無駄なものを買ってお金を減らしても意味がありません。

　節税ができても、お金が尽きて事業を存続できないことになってしまいます。

　1,000万円の利益が出て、税金が300万円。

　そのまま税金を払えば、1,000万円－300万円＝700万円が残ります（利益＝お金と仮定）。

　これを1,000万円の経費として使うと、税金は0になりますが（均等割除く）、手元のお金も0。

　融資にも不利です。

　税理士なら知っているこのしくみをどうお客様に伝えるかです。

　私は「節税のために行動してはいけない」と話しています。

　何のために事業をやっているのか、税金を減らすことが目的か、それとも会社にお金が貯まっていくというのがいいのか。

　いざというときに役立つのはやはり手持ちのお金です。

　手持ちのお金が少ないということは、これ以上にないリスクです。そこからさらに無理な節税をすれば、会社が続けられないというリスクを負うわけです。

　預金残高がいくらあるかというところで、ある程度のリスクヘッジはできます。

　税金を今まで少なく払っていたからといって、手持ちのお金がなけ

ればそういったリスクには備えられないわけなのです。

　逆に税金をこれまでいっぱい払っていたからといって、それで優遇されるわけでもありません。

　だからこそ、税金を適切に払いつつ、手持ちのお金を増やしていくというところをやっていく必要があります。

　これらのことは、ときにはお客様に嫌われる、解約となるリスクを承知の上で、伝えておきたいことです。

　節税はあくまで税理士業務の1つにすぎません。

　税理士が提案した節税で資金繰りが苦しくなることはあってはいけないのです。

　過度な生命保険の加入も資金繰りを悪化させます。

　代理店報酬で判断が鈍らぬよう、私は生命保険の代理店をしません。

　また節税にはある程度のリスク、つまり税務調査での指摘が伴うことは伝えておきましょう。

　税務調査とはこういうもので、そこで指摘があると罰金を払うということは話しておくべきです。

　それを踏まえて節税をどこまでするかという話になります。

　「税務調査で指摘されたらそのときに考えましょう」ということはやめておきたいものです。

　税務調査で見つかったら絶対ダメだというものは最初から入れないようにします。

　とはいえ、100%大丈夫と保証できるものだけだと、税金を払いすぎる可能性があるでしょう。

　特に税務調査を経験されていないお客様に対しては、このあたりを少しずつお伝えしていく必要があります。

　お客様は友人、知人、TV、ネットなどさまざまなところから、節税の情報を仕入れていらっしゃるものです。

　できれば事前に「こういう節税がありますが、これはリスクが大きく、認められていません」と話しておきたいものです。

　一方で、「何か気になる節税があれば、これは本当なのか、遠慮なく聞いてくださいね」と打ち合わせの場で伝えておきましょう。

　節税でリスクを負いすぎて税務調査で指摘されたら、手痛いペナルティを受けて、またお金が減ってしまいます。

　節税にはリスクがつきもの。

　「税務調査はそうそう入らない」ではなく、税務調査の可能性があることを伝えていきましょう。

3　どの節税をおすすめするか

　主な節税手法について整理してみました。

売上

売上はもれなく計上したいものですが、当期に入れなくてもいいものかのチェックは必要です。

前受金にできるものがないかチェックしましょう。

また、売上の計上時期を確認、見直すことも欠かせません。

経費

経費をしっかり計上するということが節税の基本です。

ただ、期間按分には気をつけなければいけません。

例えば1年分払っているものがあり、事業年度（年）に該当する部分があれば、前払費用（長期前払費用）にし、経費から除く必要があります。

そういったものがないかのチェックはしておきましょう。

生命保険

資産計上経費になるかを契約書で確認しておきたいものです。

生命保険料は金額が大きいため、資産計上のものが経費になっていると、税額の間違いも大きくなります。

年払いで保険に入っていて、解約ができないもの、解約すると大きく損をするものには気をつけましょう。

今回は払えても、次回、その次は払えない可能性があります。

加入前に相談があったときは、慎重に検討しましょう。

給料

家族へ給料を払いたいというニーズはありますが、実態とかけ離れ

ていないかの確認はしっかりしたいものです。

社員旅行等

　節税もできて旅行もできるわけですが、この時代、社員旅行は望まれていないかもしれません。

　飲み会、忘年会もそうです。

事前確定届出給与

　社会保険料削減の手法として使われることはありますが、使いどころは難しいものです。

役員退職金

　確かに節税はできますが、役員が「退職できるか」「退職の事実があるか」が大事です。

資産売却等

　資産を売却して売却損が出れば、経費が増え節税はできますが、その資産がそもそもないこともあります。

特別控除等

　賃上げ促進税制や投資減税等は、忘れずにチェックするようにしましょう。

　更正の請求ができないため、そのリスクは大きいものです。

貸倒損失

法的な条件を満たしているかをしっかり確認しましょう。

売掛金、貸付金の残高のチェックは毎回必要です。

短期前払費用

例えば家賃を1年分まとめて払い、一括して経費にします。

毎年払う必要があり、金額が大きく、状況の変化に対応できなくなるおそれもあるので、積極的にはおすすめしていません。

1回目の支出は節税になるのですが、その後は一緒です。

これをどう考えるかです。

別会社

もう1社つくると、法人税率、交際費の限度額等のメリットはあります。

ただ、経理、売上・経費の区分け、決算等、手間もかかります。

節税ありきではなく、必要性があるなら別ですが、そうではないならおすすめはしていません。

中退共（中小企業退職金共済）

従業員の退職金であり、退職時に従業員本人に払われます。

社宅

個人の家賃負担を下げることができる社宅。

金額、効果も大きく、検討して導入したいものです。

役員報酬

役員報酬を増やして法人の利益を圧縮できます。

ただ、個人の税金、社会保険料は増えますので、そのバランスが大事です。

法人の社長の不透明な経費を計上するくらいなら、役員報酬で支払って、その範囲で使っていただきましょう。

役員報酬が少なすぎると、役員貸付金も増えてしまうので、要注意です。

また、個人で融資、投資先の審査を受けるときに給与所得が少ないと評価が下がります。

個人の税金、法人の税金、社会保険料、どれも嫌だというのは通じません。

どこかで負担はかかるし、税金もかかるので、社会保険も含めて全部が嫌ですというのは無理という話はしましょう。

社会保険料のうち厚生年金保険料は、月額63万5,000円以上なら金額が一定になりますので、そのことも話しておきたいものです。

社会保険の扶養の範囲で家族が加入しても保険料は変わらないというメリットもあります。

出張手当

旅費規程で設定することにより、出張手当を経費とすることができます。

これは設定しておいたほうがいいでしょう。

勉強代

　書籍、セミナー、コンサルティング等の自己投資です。

　社長、従業員ともにおすすめではありますが、金額、内容には注意しましょう。

経営セーフティ共済（中小企業倒産防止共済）

　月20万円まで、総額800万円までかけることができ、40か月以上かけると満額返ってきます。

　ただし、ネット専業銀行、ゆうちょ銀行、農協口座は振替口座に設定できない点に気をつけましょう。

小規模企業共済

　年84万円までかけることができ、全額控除できます。

　個人の節税であり、考え方にもよりますが、私は入っておいて損はないと思っています。

iDeCo（個人型確定拠出年金）

　社会保険に加入している場合には月2万3,000円、加入していなければ月6万8,000円まで掛金にできるもので、運用もできます。

　これも入っておいて損はないと思っています。

未払計上

　金額の大きいものでいうと、決算月に購入したもの、社会保険料の会社負担分、給与や通勤手当の日割りがあります。

決算賞与

　決算の状況に合わせて従業員に支給する賞与です。

　節税もでき、社員にも還元できます。

決算期の変更

　直接的な節税ではありませんが、最適な決算月があれば、変更することも検討しましょう。

　売上が落ち着いている月を決算月にすれば、それ以降の節税をしやすくなります。

4　脱税を何としても防ぐ

　節税を伝えるときには、節税と脱税の違いを伝えておきましょう。「これだけはやめてください」というものです。

　脱税は、結局はお客様のためにならないことであり、税務調査で指摘があれば、重加算税として手痛いペナルティ、つまり大きな支出となり得ます。

　お客様、お金を守るためにも脱税は防ぎたいものです。

　まず売上除外、架空経費についてはしっかりと伝えておきましょう。

売上除外

　売上をなかったことにしてしまうと、税務調査で言い逃れはできません。

すべての売上を入れることを徹底しましょう。

「売上」＝収入の定義も大事です。

不用品を売っただけ、現金で受け取った、補助金・助成金など、売上・収入からもれがちなものはあります。

架空経費

経費をでっち上げるのだけはやめてほしいと伝えておきましょう。

・利益が出たから知り合いに領収書をつくってもらう

・領収書だけもらってくる、レシートだけ拾ってくる

・白紙の領収書に金額を記入する

といったことは言い逃れができません。

納品日を調整すること、期ズレについてもお伝えしておくべきです。

取引先と口裏合わせをして、売上や経費の時期をずらすということもあり得ます。

お客様がご自身で払っていないのに領収書、レシートをもらうということもありますので気をつけましょう。

実際には割り勘で払ったのに、レシートだけ受け取るという場合です。

こういったものがあると、正しい利益が出なくなります。

経費についてはグレーゾーンがあるものです。

プライベートだけに関するものを経費にしないことを徹底しましょう。

趣味、家族、友人などに要注意です。

その他金額が大きいものからチェックしていきましょう。

　細かいところを見すぎてしまい、大きなミスに気づかないことがないようにしなければいけません。

　これらの点については、税務調査で指摘がある前に、税理士が未然に防ぎたいものです。
　もし、お客様がそれを嫌がるのなら、もうお客様じゃないとさえいえます。
　そのくらいの覚悟がなければ、税理士はつとまりません。

　私がお客様にお伝えしているのは、
　・税務調査で指摘があったときに、理由を説明できず、「すいませんでした」と平謝りするしかないものは経費にしない
　・家族、友人、従業員に説明できないものは経費にしない
　ということです。

　この基準に反するものについて指摘して、契約がなくなることもあるかもしれません。
　とはいえ、見て見ぬふりをしてしまうと懲戒処分の可能性もあります。
　グレーゾーンにも、一線は引いておきましょう。
　融通をきかせることと道を外すことは違います。
　自分の正義は通したいものです。
　お客様が責任を取ると言ったから……という言い訳は通用しません。

　税理士を税務署の盾にしようとする方もいらっしゃいますし、税理士がOKって言えば税務署もOKって言うだろうと、まずは税理士を

丸め込もうと思う方も少なからずいらっしゃいます。

　もちろん、そういうお客様がいらっしゃらないように、仕事の入り口を整備するというのが大前提です。

　節税を武器にしつつも、こういったリスクも踏まえて動いておきましょう。
　自分の節税へのスタンスを発信しておくのもおすすめです。
　第2章でもお伝えしたとおり、発信することで、自分の軸や腕を磨くことができます。
　そうすれば、いざそういった事態に直面したときに、自分の軸をまっすぐ通せるようになるのです。
　ご覧いただいていないとしても発信の価値はあります。

5　資金繰りでできること

　顧問のお客様からの相談で節税とともに多いのは、資金繰りに関することでしょう。
　・融資を受けるべきか
　・融資を受けたい
　・どうやって借りればいいか
　といったものです。

　融資についても、ある程度勉強し、対応できるようにしておきましょう（どのように勉強するか、具体的にどう対応するかについては

後述します）。

　もしお金が足りなくなるのなら、
・業績を上げる
・融資を受ける
・資金繰りを改善する
といった方法しかありません。

　このうち、「業績を上げる」ことをサポートするのは税理士にはなかなか難しいものでしょう。
　後者の「融資を受ける」「資金繰りを改善する」サポートに徹することをおすすめします。

　「融資を受ける」ことは借金ではありませんし、ご自身のスタンスに合わせて「借り入れは悪ではない」「無借金経営のリスク」などを伝えていきましょう。

　借りたいときに借りることができない可能性もあるので、ある程度は借りておき、返済実績をつくっておくことをおすすめしています。

　また、融資のサポートといっても、必ずしもお客様と金融機関の間に入らなければいけないわけではありません。
　お客様自身の言葉で説明できるのが理想だからです。

　融資以外の資金調達方法として、出資は経営権にも関わることで

すので、慎重に判断したいものです。

　また、補助金はあくまで補助であり、補助金ありきにならないように気をつけましょう。

　必要な支出があり、それに見合う補助金があるなら、もちろんおすすめすべきです。

　資金繰りの改善は、次のようにサポートしましょう。

　入金を増やすという観点で、売掛金等の現状をお伝えすることはできます。

　前受金をおすすめすることもできるでしょう。

　支出を減らすという観点で、経費（固定費）削減、節税といったお手伝いができます。

　何にどのくらい使ってらっしゃるかという事実を数字で示すことで、「無駄遣い」を指摘できます。

　一方で広告宣伝費をどうしても使わなければいけない、人を雇わなければいけない、前もって仕入れをしなければいけないということもあり得ますので、その優先順位をお客様とともに考えましょう。

　お客様に提供したいのは、資金繰り表よりも資金繰り予測表です。

　資金繰り予測表はお客様と一緒につくりましょう。

　入金や支払いの予定はこちらにはわからないからです。

　お客様の事情を知らないまま無理につくっても、絵に描いた餅になってしまいます。

　社長や経理担当者と打ち合わせしながらつくるようにしましょう。

　そして、融資にからめて資金繰りについても伝えていきましょう。

　最初から資金繰りのことだけを説明しても伝わりません。

・売上を増やすことにのみ興味を持ってらっしゃる

・回収（入金）まで考慮されていない

・経費を使いすぎている

ということもあるでしょう。

　税理士業務で、資金繰り上できることは、現実を伝えることです。

・資金が減ってきている

・今後足りなくなる

・このままではまずい

ということがあれば、その現実を伝えましょう。

　現状を整理して、伝えることで、危機感を持っていただくことができます。

　融資を受けるのであれば、資金繰りを考えなければいけない、決算書（数字）を整えなければいけない、利益を出す必要がある、税金を払っておく必要があるということを伝えましょう。

　そのために、後述するように資金繰り表や資金繰り予測表が必要ということです。

　そして、資金繰りのアドバイスもしていきましょう。

　融資を受けなくて済むようになる可能性もあります。

6　税務以外も相談できるかどうか

「全然関係ないんですけど……」
「こんなこと聞いてもいいかわかりませんけど」
「税金以外でも聞いていいですか？」
とおっしゃっていただくと、私はとてもうれしく感じます。

　お客様のお役に立てるなら、税金以外の相談でもいいのではないでしょうか。

　税金に関連性が高いものだと、
・経理
・簿記
・経理効率化
・融資、資金繰り
・決算書の読み方
などもご相談いただいております。

　その他には、
・パソコン、スマホ、タブレットの選び方
・Notion
・Dropbox
・Macの使い方、Macを選ぶ意味
・トライアスロン、マラソン
・娘

・家族とのバランス

・時間管理

・タスク管理

・出版

・セミナー開催

・Kindle出版

・YouTube

・カメラの選び方

・ゲーム

・写真

・カフェ

・おいしい店

・料理

・家電

・旅行

　などといったご相談もあり、打ち合わせが予定よりもつい長くなってしまうこともあるほどです。

　自分が相談に応じることができる、教えることができる、詳しい・好きなものがあれば、先に伝えておきましょう。

　それが「税理士」としての魅力にもなり得ます。

　税理士として選んでいただくときの強みにもなり得るものです。

　税務の腕は、なかなか見えにくいものですので、その腕を磨くのは当然として、他の魅力も出していきましょう。

7 言葉にこだわる

お客様へ伝えるための言葉にはこだわっています。

専門用語があると伝わらないからです。

また、税理士としてよく使う専門用語や言葉遣いには、一般的ではないものもあります。

気をつけましょう。

言葉が伝わらなければ、その真意は伝わりません。

私が使わないようにしているものは次のとおりです。

専門用語
- 譲渡
- 帳簿つけ
- 帳面
- 伝票
- 振替伝票
- 仕訳帳
- 適格請求書
- 課税標準額
- 仕入税額控除
- みなし仕入率
- 基準期間
- 課税資産の譲渡等

- ・記帳
- ・納特
- ・電帳法
- ・課税期間
- ・少額特例

適切ではない・使いたくない

- ・ブラインドタッチ
- ・客
- ・素人
- ・してあげる
- ・早いもので
- ・したいと思います
- ・本業、本業のかたわら
- ・忙しい
- ・自営業
- ・食う
- ・（人を）使う
- ・作業
- ・集客
- ・教育
- ・いつか
- ・指導
- ・業者
- ・送ってきた、言ってきた

・ください

表現が硬いもの（柔らかい表現に置きかえています）
　・選択する→選ぶ
　・支払う→払う
　・取得する→買う、受け取る

　これらの中でも「仕入税額控除」は使ってはいけない最たるものです。

　簡易課税の「みなし仕入率」は、ご存知のとおり、卸売業90％、小売業80％……ではあるのですが、売上の消費税にみなし仕入率をかけて……と説明せずに、卸売業なら、簡易課税の場合に納める消費税は、売上の消費税の10％（または、売上のすべてが課税であれば売上の1％）と伝えれば十分でしょう。

　課税期間も一般的には馴染みがないものですので、年や年度、期という言いかえができます。
　正しくは課税期間ですが、おおむね年、年度、期。
　ときとして、正しさはわかりにくさにつながります。

　会計ソフトを使うことが前提となっている今、帳簿という言葉も使いたくないものです。
　私は「データ」と表現しています。
　「帳簿をつけましょう」という表現もしません。

少額特例も使いません。

少額特例は「1万円未満なら気にしなくてもいいです」ともいえます。

売上が5,000万円に届かないのであれば、原則課税ならではのものも伝える必要はありません。

仕入税額控除、軽減税率などは関係ないものです。

消費税の原則課税であれば、お客様ごとに個別にカスタマイズして伝えることを大事にしましょう。

また、解説するときに混乱するので西暦か和暦（令和）か表記を可能な限り統一しておきたいものです。

インボイス制度の経過措置は、2026年なのか令和8年なのか、2029年なのか令和11年なのか。

他の仕事も含めて統一しておきたいものです。

税務書類は、和暦（令和）ですが、お客様との共通認識があれば西暦で問題ありません。

今後、元号が変わる可能性もありますので、私は西暦をおすすめします。

本書でも、西暦で統一させていただいています。

第 5 章
開業・設立・法人成りへの対応

1 この章のポイント

個人事業主か法人か。

主な選択肢であるこの2つの形態は、お客様も悩まれるところです。

次のような点に力を入れましょう。

■力を入れるところ

・個人で始めるか法人で始めるか

・消費税上の判断

・融資を受ける

■力を抜くところ

・青色申告か白色申告かの判断

・開業・設立の手続き

・税金上有利であることだけで判断

2 開業・設立の判断

開業（個人事業主）、設立（法人）に関する相談は、力を入れたいものです。

最初の判断や設定がその後に影響します。

開業と設立の判断

お客様が独立することになった時、一般的に個人と法人という選択肢があります。

　メインとなる取引先が法人相手でないと仕事を依頼しないというこ
となら、法人にするしかありません。

　そうでなければ、まず個人で始めて、必要があれば、法人に変える
というのがセオリーです。

　ただ、最初から法人でやりたいというご要望があれば、そうしてい
ます。

　とはいえ

　・独立して事業をするなら法人でなければいけない

　・名称をつけるなら法人でなければいけない（実際には個人事業
　　主でも屋号は使えます）

　と思っていらっしゃるケースもありますので、法人設立を希望され
る場合は、その事情をうかがってみましょう。

　またインボイス制度により、個人か法人かの判断基準が変わりまし
た。

　以前は、個人で開業して消費税が最大2年免税、法人成りでさらに
最大2年免税ということができましたが、インボイス制度に登録する
なら、そうではなくなります。

　消費税のメリットがないなら、最初から法人という考え方もあるで
しょう。

❸ 開業（個人事業主）のチェックポイント

　個人事業主の場合、事業所得か雑所得かという判断が必要です。

継続性、金額などから判断しましょう。

事業所得を選ぶなら青色申告をおすすめします。

青色申告の承認申請の期限にも気をつけましょう。

一方で、私は白色申告を選ぶ意味はまったくないと思っています。

青色申告の特典（特に青色申告特別控除）を受けることができず、白色申告だからといって経理が楽になる、適当でいいわけでもないからです。

白色申告だと適当でいい、きちんとした証拠がなくてもいいと思ってらっしゃる方もいらっしゃいますが、そんなことはありません。

選択基準については、お伝えしておくべきでしょう。

口座は事業用のものを開設しておきたいものです。

個人事業主でも公私はわけましょう。

わけておいたほうが経理もシンプルになります。

預金口座名に屋号をつけるかどうか。

屋号をつけると、口座名が長くなりますし、銀行によっては法人扱いとなる（手数料が高くなる）ケースもありますので、氏名だけでいいでしょう。

もし、屋号をつける場合は、一応検索しておき、同じような名前や競合がいたら、変更も考えましょう。

屋号のポイントは、「読めること」。

かっこいい名前をつけがちですが、読めないと意味がありません。

ドメイン（○○.com）も早めに取っておきたいものです。

ホームページをつくる前から取ることはでき、また、メールアドレスもつくることができます。

営業上欠かせないポイントです。

資金の状況も確認しておきましょう。

1年間のある程度の収支を打ち合わせしながら計算し、融資を受けることをおすすめしています。

開業時は、融資を受けやすいし、リスクヘッジになり、返済実績もつくることができるからです。

自分の場合でも同じことです。

借りても無駄遣いしないように気をつけましょう。

必要以上に安売りせずに済むし、自分の軸と異なる仕事を受けずに済むというメリットもあります。

これらのメリットに比べれば、利息は安心料のようなものです。

開業の手続き

開業手続きにはfreee開業というサービスを使っています。

クラウド会計ソフト会社のサービスです。

freee開業では届出書もつくることができます。

提出する届出書は、

・個人事業届出

・青色申告承認申請書

必要があれば

・青色事業専従者に関する届出・変更届出書

・源泉所得税の納期の特例の承認に関する申請書

・インボイス登録申請書（適格請求書発行事業者の登録申請書）

・電子申告開始届

などがあります。

その他の届出書は必要がなければ出しません。

経理のスタート

会計ソフトの初期設定には力を入れましょう。

・勘定科目をわかりやすいものに変える

・使わない勘定科目を消す

といったこともおすすめです。

開業日前の経費、開業費についてもお伝えしましょう。

また、税金がざっくりどのくらいかかるのか、事業税も含めてそのタイミングも伝えておきたいものです。

その他の注意点は、

・売上（仕入があれば仕入についても）

・源泉所得税を差し引かれる場合はその処理

・外注費を払う場合は源泉所得税の納付

・金額の大きい家賃、車についての家事按分の考え方

・経費にしてはいけないもの

といったものがあります。

4 法人設立のチェックポイント

　法人を設立する場合は、合同会社か株式会社という選択があります。
私自身、合同会社で設立して、株式会社に変更しました。

　合同会社のメリットは、
・設立費用が安い（6万円。株式会社は20万円）
・役員の任期がない（役員変更登記をしなくていい）
というものです。

　その他の特徴は、
・代表取締役ではなく代表社員という名称
・口座名義は、ド）●●（会社名）
・「合同会社って何ですか？」と聞かれる
といったものがあります。

　なお、合同会社から株式会社にするには15万円ほど。官報公告と
いう手間も必要です。

　法人設立のチェックポイントとしては次のようなものがあります。
・会社名→ドメインも取っておきましょう。同じような名前や競合
　がいないか検索もしておきたいものです。
・設立日、登記日をいつにするか→大安を選ぶことも多いです。
・資本金をいくらにするか→インボイス制度に登録するなら消費税
　免税の主な要件である1,000万円にこだわらなくていいでしょ

う。事業内容により10万円、できれば100万円あれば十分です。
- 登記の場所をどこにするか→自宅が賃宅だと登記禁止の場合がありますが、バーチャルオフィスという方法もあります。移転登記のコスト（3万円 or 6万円）があるので、可能な限り移転しないようにしたいものです。
- 口座開設→銀行での口座開設が難しい場合もありますので早めにとりかかりましょう。
- 印鑑、印鑑登録→印鑑は、1つは必要です。
- 決算日→税理士側の都合だけではなく、お客様の売上が落ち着く月にしたいものです。
- 株主→可能な限り社長が持っておきましょう。
- 役員→特に理由がなければ社長のみにしておきたいものです。
- インボイス制度に登録するか→総合的に考えましょう。

法人の銀行だとゆうちょ銀行がおすすめです。
- ネットバンクが無料
- 社会保険料の引き落としができる
- Pay-easy（ペイジー）が使える
- 日本政策金融公庫の融資の入出金口座として使える

ただ、経営セーフティ共済の振替口座としては使えません。

会社設立手続き

設立の手続きには、freee会社設立を使っています。
電子定款の手数料は5,000円です。

電子定款なら、印紙代4万円が浮きます。

法務局への登記申請は紙を郵送または持参です。

提出する届出書は、

・法人設立届出書

・青色申告承認申請書

・源泉所得税の納期の特例の承認に関する申請書（該当する場合）

その他は必要であればつくります。

法人の場合、役員報酬について設立から3か月以内に株主総会で決定する必要があります。1年間の収支を計算して打ち合わせをしておきましょう。

法人ならではの節税方法（社宅、生命保険、出張手当など）も伝えておきたいところです。

社会保険料、住民税の特別徴収についても手続きが必要となります。

住民税に関してはいったん特別徴収の手続きをして、納付書が来た時点で、納期の特例（年2回）の手続きをしておきましょう。

5 法人成りのチェックポイント

個人事業主から法人にする法人成り。

税金上得をする可能性がありますので、伝えておきましょう。

メリットは、

・社長に給料を出せる（家族にも出せます）→法人の経費になり、個人の税金が優遇、社会保険料が安くなり、受け取る年金は増える
・法人ならではの節税が使える→社宅、生命保険、出張手当など
・設立して2年は、インボイスに登録しなければ消費税を申告しなくていい（経理の手間もない）
・社会保険料は、家族が入っても保険料は同じ
・個人のマイナンバー提出の手間、源泉徴収がなくなる

といったものです。

デメリットは、

・毎年7万円ほどの固定の税金がかかる（利益がマイナスでも払う必要あり）
・設立費用が20万円ほど（freeeを使うと、20万円ほどです）
・登記の場所が必要（オフィス、自宅、バーチャルオフィスなど）
・移転した場合は手数料がかかる（登記の変更）
・口座、取引先への通知等の手続きが必要
・税務調査が入る確率がやや上がる
・一般的には税理士報酬が上がる
・自分で決算・申告をする場合、法人の確定申告ソフトにお金がかかる（freeeだと年間3万円ほど）

といったものです。

法人成りのタイミングとして、売上1,000万円を超えて消費税がか

かったときというものがありましたが、インボイス制度に登録するなら、関係ありません。

　個人事業主の所得が300万円を超えるかどうかというのは1つの判断基準です。

　配当を出すことも含めて試算、検討したいところです。

　社会保険の関係で国民健康保険料と国民年金を家族の人数分払っていると社会保険にしたほうが結果的に安くなるようなケースもあります。

　社会保険は何人扶養に入っても金額が変わらないという特徴があるからです。

　国民年金は負担が大きいので、社会保険（厚生年金）のメリットを考えて法人成りするのもいいでしょう。

　手続きは、法人設立に加えて、個人事業の廃業届と青色申告のとりやめといったものを出す必要があります。

　廃業届に記載する日については、いつを区切りとするかというところですが、法人設立の前日を廃業とすることが多いようです。

　ここで伝えておきたいこととしては、原則として、個人事業主としての決算、確定申告をしなければならないということです。

　3月までが個人なら、1月から3月の3か月分を翌年に確定申告する必要があります。

　経理の切り替え、資産や負債の移転なども必要です。

もちろん取引先への通知もしなければいけません。

法人成り特有のチェックポイントは次のとおりです。

・いつ法人成りするか
・個人事業主から法人へ資産の移転はあるか（税金が発生する場合も）
・個人事業主と法人の売上・経費の切り替えタイミング
・取引先、金融機関等への通知、契約の変更
・税務署等への手続き
・個人事業主の確定申告
・会計ソフトの切り替え

その他、会社設立と同様のチェックが必要となります。

・個人で始めるか法人で始めるか
・法人成りをするか
は、税金上のメリット、つまり得をするかどうかだけで決めないようにしましょう。
お客様の気持ち、状況、ニーズのほうが大事です。

ただ、その検討材料として税金上のメリット・デメリットは確実に伝えておきたいものです。
その上で
・最初から法人でスタートする

・法人成りをあえてしない
・法人から個人へ変更する（個人成り）
といった選択はあり得ます。

税金は単なる決定要素の1つにすぎません。

第6章
インボイス制度への対応

1 この章のポイント

新たにスタートした消費税のインボイス制度。

お客様からのご相談も多く、やるべきことも多いものです。

力の入れどころを見極めましょう。

■力を入れるところ

・インボイス制度に登録するかどうかの判断

・インボイス制度とりやめの判断

・原則課税・簡易課税・2割特例の判断

・経過措置の確認

・届出書

■力を抜くところ

・仕入税額控除の厳密なチェック

2 インボイス制度の相談対応

インボイス制度スタート後は税理士の仕事量が増えました。

その増えた仕事の把握、対応に力を入れましょう。

少なくとも最初の決算・申告までは油断なりません。

増えた可能性がある業務は、

・インボイス制度に登録するかどうかの判断・手続

・インボイス制度をやめるかどうかの判断・手続

・インボイス制度に関する質問対応
・原則課税の場合の消費税の仕入税額控除のチェック
・請求書等のチェック
といったものです。

　これらの業務について値上げで対応される方もいらっしゃるかもしれませんが、これを機会にさらなる全体的な効率化を目指しましょう。

　特にこれまで免税であったお客様が課税事業者になると、消費税の申告や納税の仕事が増えてきます。
　今まで免税のお客様がほとんどであったとすると、所得税や法人税だけを申告していたでしょう。
　そのお客様がインボイス制度に登録した場合（それが簡易課税、2割特例だとしても）、仕事量は大きく増えます。

　インボイス制度は注目されていますが、税理士業の中の重要度は、それほど大きくありません。
　そもそもインボイス制度以外にも重要なことはあります。
　細かいところにとらわれて、その重要なこと＝お客様が事業を存続できるようにすることを見失わないようにしましょう。

　増える仕事量は、お客様の属性によりケースが異なります。

① 　課税事業者でインボイス制度登録
　インボイス制度スタート時に、以前から消費税の課税事業者であ

れば、特段の理由がない限り、インボイス制度に登録していらっしゃるでしょう。

　登録していない理由としては、制度に反対したい、個人の方で本名を明かしたくないといったことが考えられます。

　また、課税事業者であっても、税理士に依頼していない場合は、登録していないということもあるかもしれません。

　ただ、通常は課税事業者であれば、インボイス制度に登録しない理由はないでしょう。

　この属性のお客様だと、考えられる仕事は、
・インボイス制度に関する相談
・発行する請求書等のチェック
といったものです。

　発行する請求書がインボイス制度のルールを守っているかどうかのチェックも欠かせません。

② **これまで免税事業者でインボイス制度登録**
　免税事業者がインボイス制度に登録するということは、課税事業者になるということです。

　インボイス制度に関する相談や請求書等のチェックなどといった、これまで免税事業者だったためにする必要がなかった仕事が増えます。

　具体的には前述した①の仕事とともに、
・消費税のチェック（原則課税だと仕入税額控除）

・2割特例との有利選択

・消費税申告、納税

といったものです。

さらに、インボイス制度に登録した方が、その登録をとりやめるという可能性もあります。

申告と納税という仕事が増えるのは確実です。

所得税の確定申告時期には特に気をつけましょう。

個人のお客様が多く、特に記帳代行を請け負っている場合には、大量の消費税申告業務が待ち受けています。

ただでさえ所得税で手一杯であるのに加えて、消費税の仕事も増えてしまうわけです。

納税の手間も増えます。

個人事業主であれば、振替納税という方法もありますが、確認の手間はあるでしょう。

③　免税事業者でインボイス制度未登録

免税事業者でインボイス制度に登録していない方は、これまでどおりですが、今後インボイス制度に登録するかどうか、いつ登録するかという相談はあり得ます。

たとえ免税事業者のお客様であっても、インボイス制度により業務は増えるわけです。

メニューを見直し、記帳代行をどうするかを再考する、仕事の流れを見直す、効率化するといったことが欠かせません。

③ インボイス制度登録の判断

インボイス制度に登録するかどうかの判断は、2023年10月1日以降も求められます。

今回登録をしなかった方もいらっしゃるでしょうし、その後に開業、会社設立をされる方もいらっしゃるからです。
その都度、インボイス制度に登録するかどうかの判断が必要とされます。

私が考えるインボイス制度登録の判断のフローチャートは次のとおりです。

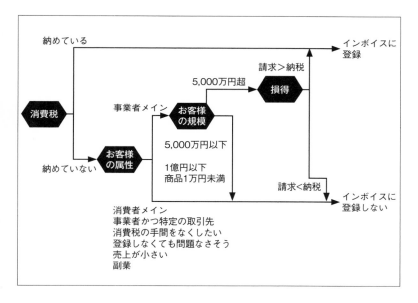

・消費税を納めるのであれば、インボイス制度に登録

・事業者がメインならインボイス制度に登録

・消費者がメインならインボイス制度に登録しなくてもいい

・事業者がメインで、先方の売上規模が5,000万円以下の見込み
　または1億円以下の見込みかつ自社の商品が1万円未満（少額特
　例）なら、インボイス制度に登録しない
　※少額特例は、2029年9月30日までの取引

・インボイス制度登録により請求できる消費税額がインボイス制
　度登録による納税額よりも大きくなりそうであれば登録

・特定の取引先のみと取引しているならインボイス制度に登録しな
　くてもいい

・消費税の申告、納税の手間を気にするなら（特にご自身でされる

場合）、インボイス制度に登録しない

・インボイス制度に登録しなくても取引停止にならないと見込まれるならインボイス制度に登録しない（インボイス制度に登録しなければ取引停止になることは、さほど考えられませんが、きっかけになる可能性はあります）

・課税売上高が1,000万円前後で変動する場合、インボイス制度に登録せずに様子を見る

・副業の場合、規模が小さいのであれば、インボイス制度に登録しない

4 インボイス制度の登録取り消しの判断

インボイス制度をとりやめたいというニーズもあるでしょう。

いざインボイス制度に登録したら消費税の負担が思った以上に大きい、インボイス制度に登録していなくても特に問題ないなどといった状況もあり得るからです。

取引先から強く言われた、周りが登録しているからインボイス制度に何となく登録したという方も多いでしょう。

「やっぱりやめたい」ということもあるはずです。

インボイス制度をとりやめたいなら、「適格請求書発行事業者の登録の取消しを求める旨の届出書」を出さなければいけません。

インボイス制度をやめたい事業年度（年）開始の日の15日前が期

限です。

　税理士賠償責任保険の事例にもなりそうな判断ですので、気をつけましょう。

　インボイス制度をやめるタイミングで次に気をつけたいのは、2026年9月30日あたりです。

　経過措置でその日までの取引の仕入税額控除は80％、その後は50％になります。

　取引先からの動きがあるかもしれません。

　インボイス制度をやめた後は、「インボイス制度をやめました」と取引先に通知しなければいけません。

　ただ、いいにくいでしょうし、それなりの手間になります。

　お客様へはそういったデメリットも伝えたいものです。

▌5▐　消費税の届出書の怖さ

　消費税では、届出書1枚で、税額が変わってしまうことがあります。

　油断ならないものです。

　例えば、青色申告の承認申請なら、最初に出してしまえばそれで済むのですが、消費税はそうではありません。

　消費税は、その都度考えなければいけない場合もあります。

　また、その課税期間が始まる前に届出書を出さなければいけないことも難易度を高くしており、ミスにつながっているわけです（インボ

イス制度スタート後は特例もありますが）。

　届出書の提出が1日でも遅れると、税額が変わってしまう、損をしてしまうので、この届出書には力を入れましょう。
　インボイス制度の登録、インボイス制度のとりやめの判断も含みます。
　e-Taxで提出する場合、ネットトラブルや税理士電子証明書の期限切れ、カードリーダーが壊れているといったことにまで気をつけましょう。
　期限ギリギリに仕事をしてはいけないというのは、あらゆる仕事でいえるものです。

　郵送だと消印有効ではありますが、普通の郵便ではないレターパックや宅配便は無効となります。
　宅配便で送って届かなかったために、損害賠償の対象になったという事例もありました。

　納税に関する保険金の支払いの近年の事例をまとめてみました。

事例　1
　車両を40台購入した場合（消費税の原則課税が有利）
　→実は簡易課税を選択していたので、簡易課税選択不適用届出書を出す必要があった

事例　2
　建物を購入した場合（原則課税が有利）
　→ずっと5,000万円超だったので原則課税で計算。簡易課税を選

択しているとは思っていなかった

　→実は簡易課税を選択し、その年度は簡易課税（5,000万円以下）

事例　3

　簡易課税の届出書の期限の把握漏れ

　→簡易課税にせずに損害が発生

　事例のほとんどは、消費税に関するものです。

　これからはインボイス制度に関連する損害賠償も増えるでしょう。

　また、税額控除のミスも多いものです。

　固定資産をお客様が買ってらっしゃるときは確認しましょう。

　賃上げ促進税制も含めて、更正の請求ができませんので、なおさら注意が必要です。

　一方で保険に加入していても保険金が支払われなかったケースもあります。

　・経営分離の際の株式評価算定コンサルティング（税理士業ではないので）

　・決算前に修正があり、期限後申告になるデメリットも伝えた上で申告→青色申告取り消し（税理士の責任ではないので）

　・従業員の不正発覚（税理士の責任ではないので）

　消費税の届出書、課税関係を中心に、損害賠償の事例にあるよう

なポイントを重点的にチェックするようにしましょう。

6 消費税の納税義務と原則課税・簡易課税の選択

ここは正確におさえておかないと大きな金額ミスになります。

納税義務の有無は、基準期間で判定するので、その基準期間をチェックしておく必要があります。

課税売上高についても、消費税対象の判定が必要です。

インボイス制度スタート後も、基準期間の課税売上高を判定する必要があります。

これは2割特例が使えるかどうかの基準にもなっているものです。

設立、開業、そして法人成り時に、インボイス制度に登録するかどうかの判断にも気をつけましょう。

もし、インボイス制度に登録するなら、資本金の判断（これまでは1,000万円未満なら免税）も変わってきます。

特定期間の判断もあります。

税理士賠償責任保険の事例を見ると「こんなところ間違えないよ」と思うかもしれませんが、ミスとはそういうところで起きるものです。

自分もミスする可能性があると思っておきましょう。

インボイス制度スタート後、消費税の計算は、3パターンです。

・原則課税

・簡易課税

・2割特例（2026年9月30日の属する課税期間まで）

　これらを判断するために、まずは、基準期間の課税売上高、簡易課税制度選択届出書の有無、インボイス制度登録の有無、という3要素の把握が欠かせません。

　リスクヘッジとしてはお客様データをExcelでつくっておいて、そこに消費税の情報を載せておきたいものです。

	A	B	C	M	N	O	P	Q	R
1	顧問先コード	契約形態	名称	パスワード2	翌期	当期	前期	インボイス	申告
2	10	自分	井ノ上陽一税理士事務所	aaaaaa	簡易	免税	免税	登録	2
3	20	自分	株式会社タイムコンサルティング	aaaaaa	免税	免税	課税	未登録	8
4	41	毎月	aaa	aaaaaa	原則	原則	原則	登録	5
5	62	年4回	bbb	aaaaaa	免税	簡易	簡易	登録	11

3つの要素で次のように消費税の計算方法の選択肢が決まります。

1　5,000万円超→原則課税のみ

2　1,000万円超5,000万円以下＋簡易課税制度選択届出書→簡易課税

3　1,000万円超5,000万円以下＋過去に簡易課税制度選択届出書＋簡易課税制度不適用選択届出書→原則課税

4　1,000万円超5,000万円以下→原則課税

5　1,000万円以下＋インボイス制度登録→原則課税 or 2割特例

6　1,000万円以下＋インボイス制度登録＋当課税期間末までに簡易課税制度選択届出書→簡易課税 or 2割特例

7　1,000万円以下＋インボイス制度登録＋当課税期間に簡易課税制

度選択届出書＋当課税期間末までに取下書→原則課税 or 2割特例

　5、6、7のパターン、つまり、インボイス制度に登録しなければ免税だった場合は、簡易課税制度の届出書の特例があります。

　また、インボイス制度とは別に、消費税の原則課税と簡易課税の選択にも気を配らなければいけません。

　予測値による有利判定、そして、事前届出であること、原則課税が有利なケース（免税・対象外売上が多い。課税仕入が多い等）を伝えておきましょう。
　ひとりの会社でも、役員報酬が少なく、課税仕入（経費）が多いと、原則課税が有利なケースもあります。
　今後、建物や車を買う予定があるかも確認しておきたいものです。
　原則課税の場合、インボイス制度スタート後は、経理が複雑になり、手間がかかる旨をあわせて伝えておきましょう。
　税理士が経理を請け負う場合には、この手間を税理士が背負うことになります。

　免税の要件には、
　・基準期間の課税売上高が1,000万円以下
　・期首の資本金が1,000万円未満
　・特定期間の課税売上高が1,000万円以下
　これらの要件に加えて
　・インボイス制度に未登録

というものがあります。

　期首の資本金には、気をつけましょう。

　設立1期に増資をして資本金が1,000万円以上になったときには、2期の期首の資本金は当然1,000万円以上となり、消費税の免税事業者ではなくなります。

　特定期間の売上高で免税ではなくなることもありますので、気をつけましょう。

　免税事業者＋インボイス制度登録で、2026年9月30日の属する課税期間までは、2割特例との有利判定が必要です。

　原則課税と2割特例では、課税仕入が多いと、原則課税のほうが有利になります。

　2割特例で申告すると納税額が多くなるのです。

　簡易課税と2割特例では、卸売業（みなし仕入率90％）の場合、簡易課税のほうが有利になります。

　これを申告時に確認する必要があります。

　原則課税、原則課税と2割特例の判定をする場合は、課税売上と課税仕入の消費税区分入力およびチェックが必要です。

　簡易課税、簡易課税と2割特例の判定をする場合は、課税売上のみの入力およびチェックをすれば済みます。

　だからといって、「簡易課税を選んでおけばいい」というわけにもいきません。

簡易課税を選ぶリスクもあるからです。

・大きな投資（買い物）をして、仕入税額控除が大きくなり、原則
　課税のほうが有利
・売上が減る、または経費が増えることにより原則課税のほうが有利
といった場合でも、原則課税で計算することができなくなります。

簡易課税は、2年縛りがあるので、その2年縛りの期間が終わる決
算月も入れておきましょう。

インボイス制度がスタートしても、原則課税（本則課税、一般課
税）と簡易課税の判断は欠かせません。
　一般的には、利益が少なく、経費が多い場合、原則課税が有利な
ケースがあります。
　給料の割合が多ければ、給料は消費税の対象外なので簡易課税が
いいでしょう。

設備投資をするかどうかの確認は必須です。
　簡易課税の場合、その確認を毎年しておく必要があります。
　しばらくたって、忘れた頃に設備投資があるかもしれません。

簡易課税を選択していて、基準期間の課税売上高が5,000万円超
になったら、原則課税になります。
　そのときに簡易課税制度選択届出書の効力が続いていることも忘
れないようにしましょう。

　もし、基準期間の課税売上高が5,000万円以下になっても、原則課税を選びたいなら、簡易課税制度不適用選択届出書を出す必要があります。

　税理士を変更されたお客様の場合も気をつけましょう。

　選択届出書を出しているかどうかわからないことがあります。

　お客様は把握されていない場合も多いです。

　今は、e-Taxの申告のお知らせで届出書を提出しているかが調べられるようになっています。

　インボイス制度スタート後に想定されるリスクもあります。

　私が想定するのは、次のようなことです。

・要件を満たさない状態で、2割特例を選択して申告

　　2割特例は、本来免税である場合（基準期間の課税売上高が1,000万円以下）、課税期間を短縮していないなどといった要件があります。

　　その要件を満たしていないのに、2割特例で申告、納税してしまうと、納付する消費税が少なくなり、追加納税になるわけです。

　　会計ソフト、税務ソフトでそのチェックをしてくれるかもしれませんが、油断はできません。

　　税理士のミスを会計ソフト、税務ソフトのせいにはできないからです。

・納税額が多くなる場合でも2割特例を選択して申告

　逆に、原則課税や簡易課税が有利な状況で、2割特例を選択してしまうことも考えられます。

　これは、更正の請求が効かず、税理士賠償責任保険の対象となるでしょう。

その他、
・インボイス制度の登録により想定以上に納付する消費税が増えた
・請求書やデータの不備で、インボイス制度の要件を満たしていなかった
などといったことも考えられます。

　インボイス制度後に増えるチェックをお客様と税理士のどちらが負担するか。

　改めて取り決めをしておいたほうがいいでしょう。

　ただ、インボイス制度の仕入税額控除で、本来80％控除であるところを100％と誤っていた場合、どのくらいの損失になるかです。

　もちろん、誤りがないことが理想ではありますが、どこを重要視してチェックするかどうかは、今一度整理しておきましょう。

●インボイス後の有利判定

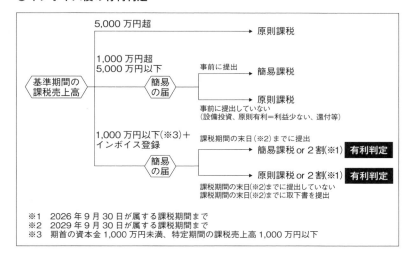

基準期間の課税売上高

5,000万円超 → 原則課税

1,000万円超5,000万円以下　簡易の届
　事前に提出 → 簡易課税
　→ 原則課税
　事前に提出していない
　（設備投資、原則有利＝利益少ない、還付等）

1,000万円以下(※3)＋インボイス登録　簡易の届
　課税期間の末日(※2)までに提出 → 簡易課税 or 2割(※1)　**有利判定**
　→ 原則課税 or 2割(※1)　**有利判定**
　課税期間の末日(※2)までに提出していない
　課税期間の末日(※2)までに取下書を提出

※1　2026年9月30日が属する課税期間まで
※2　2029年9月30日が属する課税期間まで
※3　期首の資本金1,000万円未満、特定期間の課税売上高1,000万円以下

第7章

お客様のための勉強

1 この章のポイント

税理士にとって勉強は命。
その勉強にも力の入れどころがあります。

■力を入れるところ
・勉強時間の確保
・「書く」「読む」「話す」の勉強
・営業、お金、時間の勉強
・勉強したことの実践、行動
・融資
・節税
・税務調査
・ITスキル

■力を抜くところ
・高度な勉強
・まんべんなく勉強
・メモ
・資料

2 勉強する時間の確保

税理士に限らず、勉強は欠かせないものです。
勉強に必要なのは時間とお金。

お金はなんとでもなりますが、時間はそうではありません。

その勉強時間の確保が重要です。

仕事に追われていたら、勉強する時間はなくなるでしょう。

さらに、勉強は継続が欠かせません。

繁忙期に仕事に追われて、勉強が中断するということも避けましょう。

その繁忙期がどのくらいの期間かにもよりますが、仮に12月から翌年3月までだとすると、約4か月間勉強しないことになり、損害は絶大なものです。

それが毎年続けば、勉強している人と大きな差がつくでしょう。

勉強する時間は、24時間の中からあらかじめ天引きしておくべきです。

仕事が終わってから、時間があったときに、と考えていては、勉強しなくなります。

私の場合、インプットは読書（1日1冊以上）、アウトプットはブログ、メルマガ（税理士進化論）、YouTubeを毎日、Facebook、Instagram、Voicyなどを平日毎日、その他のメルマガを毎週というのが勉強のルールです。

アウトプット＝発信という勉強は、第2章でも述べたとおり営業にもなります。

そして何を勉強するか。

税務の勉強の大前提として、基礎の勉強が欠かせません。

③ 基礎の勉強

基礎の勉強とは、

・書く

・読む

・話す

というスキルです。

税理士業で必須のスキルとは何か。

計算でしょうか。

計算は、Excelや会計ソフトなどがやってくれます。

それよりもAIやITに代替できないスキルが、前述の「書く」「読む」「話す」です。

・お客様から相談を受けてメールで答える→「書く」

・税務をはじめ情報を効率よくインプットする→「読む」

・お客様と話す、会話する→「話す」

あらゆる場面で、これらのスキルを使います。

磨いておいて損はありません。

メールでお客様の質問に答える、いわゆる「書く」ことは、生成AI、ChatGPTでもできるかもしれませんが、AIと同じようなことを答えるようでは、到底お客様のお役に立つことはできません。

　「読む」にしても、AIで情報を要約することはできますが、どの情報を選ぶかはその人次第です。

　そして「話す」。
　自分の代わりにAIがお客様と話してくれるとしても、それに意味があるのかどうかです。

　これら3つのスキルを磨けば、他の勉強もはかどります。
　常に意識して力を入れて鍛えていきましょう。

　そして、これらと同じくらい学んでおきたい分野があります。
　それは、前の章でも触れてきた
　・営業
　・お金
　・時間
　についてです。

　営業スキルがなければ、値付けを工夫できず、十分お役に立つことができなくなります。
　独立後は欠かせないスキルです。

　税理士はお金の専門家といわれますが、本当にそうでしょうか？
　税金の専門家ではありますが、お金に詳しいとはいえないのではないでしょうか。
　私もそうでした。

税理士だからこそお金について勉強する必要はあります。

値付けはもちろん、お金の増やし方、使い方についての勉強です。

４ 効率化の勉強

そして時間。

前述のとおりお金はなんとかしようがあるものです。

ただ、時間は限られていますし、いつ終わりが来るかわかりません。

効率化を勉強し、時間管理スキルを身につけましょう。

その一環としてITスキルは欠かせません。

・Excel、PowerPoint、Word

・プログラミング（Excelマクロ、RPA、Python、GAS）

・ネット（WordPress）

・Google（Chrome、スプレッドシート、ドキュメント、フォーム
など）

・Dropbox

・Notion

・ハードウェア

・デザイン

そして、タッチタイピング、ショートカットキー、マウス（タッチ
パッド）といった操作については日々鍛えておきたいものです。

タイピングが遅いと、メールやチャットの効率が落ちます。

メールに時間がかかるからといって、電話を多用し、効率が上がら

ないのが、日本です。
　気をつけましょう。

　効率化には道具も必須です。
　人＋道具で効率化は決まるといっても過言ではありません。

　税理士業では、こういったものをそろえましょう。
・パソコン（外での仕事、打ち合わせに使えるようにノートパソコン）
・iPad（読書、ペンでの仕事、メモ等）
・スマホ（移動中の仕事、メモ、読書）
・カメラ、マイク、照明（オンライン打ち合わせ、発信）
・ルーター
・Excel、PowerPoint、Word
・会計ソフト（freee、マネーフォワード、弥生会計）
・税務ソフト（JDL IBEXクラウド組曲Major、全力法人税、freee）

　時間をつくるための投資として、お金を使うべきです。
　人を1人増やす前に道具へ投資しましょう。

　特に、古く遅いパソコンだと効率は上がりませんので、パソコンは
2年に1度、できれば毎年買い替えるべきです。
　消耗品費という言葉どおり消耗し、税法上の耐用年数4年まで到底
もちません。
　ノートパソコンは、CPUはCore i5かi7、メモリ16GB以上のもの
を選びましょう。

おおむね15万円以上のものを選んでおけば問題ありません。

　最近はオンラインでの打ち合わせのニーズも増えていますので、対応できるようにしておきましょう。
　ノートパソコンのカメラは性能がそれほどよくありません。
　できればミラーレス、最低でもウェブカメラはそろえましょう。
　照明も必要です。
　暗いとお客様にあたえる印象もよくありません。
　ご自身の背景にも気を配りましょう。
　今や、初対面がオンラインということもあるものです。
　リアルで対面するときには、見た目を気にするでしょう。
　オンラインでも同様にしたいものです。

　また、オンラインでは音質が大事ですので、マイクにはこだわりましょう。
　ネット回線が安定していることも欠かせません。
　質のいいルーターに変えると大幅に改善しますので、不安定な場合は変えてみましょう。

　会計ソフトは、クラウド会計ソフトにも対応しておきたいものです。
　ただし、クラウド会計ソフトだから効率化できるということもなく、メリット・デメリット双方あります。
　・導入のハードルが低い
　・インストールせずにブラウザで使える
　・データ連動がスムーズ

というメリットはありますが、

・処理速度が遅い

という根本的なデメリットがあります。

取引量が多い場合は、従来の会計ソフトのほうが効率的です。

Excelへのエクスポート、インポートも効率的にできます。

修正仕訳、追加仕訳などは、クラウド会計ソフトで入力すると手間がかかりすぎますので、Excelも併用しましょう。

税務ソフトは、どれを選んでも効率的ではありません。

私は安さで選んでいます。

これもExcelを併用しており、試算・比較・チェックはExcelのほうがはるかに効率的です。

ただし、それなりのExcelスキルは必要となります。

会計ソフト、税務ソフトのスキルは汎用性がなく、効率化につながるものではありません。

どちらのスキルに力を入れるべきかは明白です。

なお、普段の業務で電卓、複合機、FAX、スキャナーは使っていません。

電卓はExcel、複合機・スキャナーはスマホやディスプレイ、FAXはメールのほうが効率的だからです。

5 勉強方法の注意点

勉強方法にも注意点があります。

あえて学習欲をおさえましょう。

高度な勉強、まんべんなく勉強することがお客様のためになるかどうかです。

使わない知識は勉強しないというくらい、力を抜きましょう。

勉強中のメモ、資料も力を抜くポイントです。

メモすること、資料を取っておくこと、ましてや紙の資料をスキャンして保存することが本質ではありません。

力を入れるべきは、勉強したことを実践するか、行動するかです。

こういった前提を元に、税理士業で力を入れたい勉強を3つあげていきます。

その3つとは、前述した節税、税務調査、融資です。

6 節税の勉強

節税手法はひととおり勉強しておきましょう。

方法としては本、セミナー、コンサルティングなどがあります。

特に本を読んでおきましょう。

専門書だけではなく、ビジネス書、雑誌等を読むことをおすすめし

ます。

　お客様がご覧になっている可能性があるからです。

　節税をおもしろおかしく書いているところもありますので、そういったものが世に出ているということを意識して勉強しておきましょう。

　もちろんその実務書でこういう節税をしたいな思ったときにAmazonで検索、購入して根こそぎ読んでみるということも大事です。

　こういったときに、速く読めるスキル（つまり速読スキル）があると便利ですので、日々磨いておきましょう。

　また、ご自身が税金について伝えるときの伝え方や表現方法の勉強にもなります。

　専門書、国税庁の資料、条文、研修などだけだと、視野がせまくなり、言葉が硬くなります。

　そうならないように、視野を広げていきましょう。

　毎年の税制改正ももちろん勉強しておきたいものです。

　税法が変われば、節税の方法も変わるかもしれないからです。

　勉強には、インプットとアウトプットがあります。

　ご自身がインプットし、それをアウトプットして伝えるところまでが勉強です。

　税制改正もアウトプットしましょう。

税制改正大綱や国税庁のホームページの表現、ましてや条文がそのままだとお客様には伝わりません。

　PowerPoint 1枚にまとめてみたり、Wordで自分なりの言葉でまとめてみたりすることで理解も深まりますし、お客様にわかりやすく伝える鍛練にもなります。

　それらをネット、例えばブログにアウトプットすることもおすすめですが、抵抗があるのでしたら、お客様向けのニュースレターといった形でも問題ありません。

　何らかの形で発信しておくと、お仕事の依頼にも繋がる可能性があります。

　そして、可能であれば、その節税方法を実践するというのがおすすめです。

　どういうメリットがあって、どういう手順でやらなければいけないか、節税をした後にどういう気持ちになるかがわかります。

　税理士事務所、つまり個人事業主なら、法人の節税を体験するためにも、法人をつくるのがおすすめです。

　個人だと節税方法は限られていますので、法人ならではの役員報酬、社宅、出張手当、生命保険などといった節税を試すことができます。

　税理士で個人事業主の場合、源泉所得税の還付もあり、納税の痛みも少なくなります。

　納税の痛みを感じ、自分で節税を実践することによって、自分の血

肉となり、それが言葉になります。

　自分の言葉で、自分なりに考えたものを、お客様に合わせて出していくのが、勉強です。

　今のお客様または未来のお客様に関連することに集中して勉強しましょう。

　まんべんなく勉強すると時間がかかりすぎます。

　個別具体的に勉強すると効果がより高まります。

　どのぐらいの節税額になるかを実際に試算して、お客様に伝えましょう。

　お客様自身の具体的な事例で解説したほうが伝わるものです。

　私は、お客様ごとに解説を変えています。

　国税庁の資料をそのままお見せすることはありません。

　業種も違えば、社長が税金や会計についてどのくらいご存知かも違うからです。

　その中でお客様ごとに試算し、自分の言葉でまとめ、アウトプットし、というのをやっておくと、節税に関して聞かれたときにもスムーズに答えることができるようになります。

　新しいことの勉強のタイミングとしては税制改正の大綱が出た当日、または翌日が1回目です。

　2回目がお客様への説明、3回目は、実際にその法律が適用になる

時期と、3回勉強できます。

　3回やることによって、自分の中に刻み込まれるのです。

　税制改正大綱の翌日までに勉強すると決めておかないと、年末、来年と、どんどん先延ばしになってしまいます。

　毎年勉強すると決めておきましょう。

　税理士の繁忙期があるからといって、税制改正を5月頃に勉強していたら遅すぎます。

　解釈が多少間違っていたとしても、自分の言葉でまとめて、アウトプットしておくというのが大事です。

　答えを見てしまうと、楽なのですが、そのリスクを負って勉強することに意味があります。

▌7▐　税務調査の勉強

　税務調査とは、通常1日〜3日、税務署の方が実際に調査をすることです。

　基本的にその会社（事業所）で行われます。

　税務署で調査対象を選定し、通常は顧問税理士に調査をする旨の電話連絡があり、日程調整後実施されるという流れです。

　調査後、追加の質問事項や指摘内容に対応しつつ、必要があれば、修正申告、納税をして税務調査は終わります。

　税務調査は体験しなければ身につかない部分もありますが、それ

でも本、セミナー、コンサルティングで学ぶことはできます。

　節税と同様、ビジネス書もありますので、目を通しておきましょう。
　判例から税務調査の実態を知ることもできます。

　もし実際に税務調査に立ち会うことになったら、コンサルティング
を受けるのがおすすめです。
　元国税庁の方、税務調査専門の方もコンサルティングをされてい
らっしゃいます。

　税務調査の勉強は、「どうしよう……」と考えすぎないようにしま
しょう。
　基礎の勉強を続けつつ、お客様がいざ調査対象になったら、その
ときに勉強するくらいでも問題ありません。

　基本的には事実に基づいて行われますので、税務調査時の税理士
の対応で何か影響があることはないと考えましょう。

　税務調査を知っておくと、顧問のお客様へのアドバイスに活かす
ことができます。

　税務調査は、
　・税務調査前
　・税務調査が入ると決まってから
　・税務調査中

・税務調査後

とタイミングによって力の入れどころがあります。

8 融資の勉強

融資に関してどのように勉強していくか。

私が最も勉強になったのは、他ならぬ自分が独立後に融資を受けたことです。

これまで、各地の信用保証協会のルートと公庫（日本政策金融公庫）のルートで合わせて5回融資を受け、非常に勉強になりました。

実際に融資を受けてわかったことがあります。
・手持ちのお金が増えて、つい無駄遣いをしてしまった
・毎月の返済をしなければいけないプレッシャーは、思ったより大きい
・いざというときに助かるのはもちろん、気持ちに余裕ができる

自分がお金を借りるのであれば、お客様にもすすめる、無借金経営がいいと思うのであればで、自分も無借金でいるというのが最も勉強になります。

1度体験してから資金繰りなり、融資のサポートをするのが理想です。

融資については、金融機関と接する中で、取材しておきましょう。

　それとなく聞き出し、勉強することもできます。

　次に勉強する方法としては、王道である本、ブログ、セミナー、コンサルティングを受けることです。
　私も相談したことはありますし、日々勉強しています。

　本では、銀行員向けのものもおすすめです。
　銀行員の方に向けて、こういうことに気をつけるべきだという視点を学ぶことができます。
　また、経営者が書いている融資、資金繰りの本もおすすめです。
　融資の裏側から学んでいきましょう。

　税理士は金利が高いと難色を示すこともありますが、経営者はどう考えているか。
　お金の仕入の手数料と考えていらっしゃるのです。
　私も実際に借りてみてそう感じました。
　さらにつけ加えるなら安心料のようにも感じました。

　漫画でも、お金に困った人がどうなるか、消費者金融に行ったらどういうことになるのかを勉強できます。
　『ナニワ金融道』や『闇金ウシジマくん』がおすすめです。
　お金がなくなったらどうなるかを税理士として知っておきましょう。
　独立後の生き方でも大事になります。

第 **8** 章

月次決算でのチェック・打ち合わせ

1 この章のポイント

月次決算では、チェック、打ち合わせという要素があります。
それぞれでどこに力を入れていくかについて書きました。

■力を入れるところ
・意思決定を左右するような大きなミスをしない
・お客様と会話する
・資金繰りのサポート
・未来の話
・記録する

■力を抜くところ
・細かいチェック、指摘
・記帳代行
・過去の話

2 記帳代行に力を入れるべきか

会計データが仕上がらないと、月次決算はできません。
そのために記帳代行をするかどうか、そこに力を入れるべきか。

私は、力を入れておらず、記帳代行は一切していません。
法人顧問のお客様から資料をお預かりすることも一切ありません。

　入力が好きではない、人を雇っていないということもありますが、大義名分としては、お客様自身で入力したほうがお互い効率的であり、経理や税金への理解も深まるというものです。

　データや紙のやりとりをするのも時間がかかります。
　記帳代行を通帳やレシートをスキャンして読み取る方法もありますが、根本的な解決になりません。
　スキャンの手間はありますし、読み取り結果の確認もしなければいけないからです。
　記帳代行がスキャン代行になったにすぎません。

　お客様が立て替えたものや経費についても、レシートをいただくのではなくExcelで入力していただいています。
　Excelに日付・科目・内容と金額とを入れていただければ十分です。
　例えば弥生会計をインストールして、これに入力していただけませんかということになると、お客様にとっては抵抗があるでしょう。
　インストールする必要がないクラウド会計ソフトであっても、抵抗は多少下がるとしてもゼロではありません。

　普段使ってらっしゃるExcelなら抵抗はずっと小さくなるものです。
　無料で使えるGoogleのスプレッドシートでもかまいません。
　ブラウザで使うことができ、共有もかんたんです。

　お客様にとって記帳は手間かもしれませんが、そのかわり経理では

力を抜いていただいています。

　・紙を見て入力することを極力減らす

　・ネットバンクを契約していただき、データを連動させる

　・売上、経費ともにできる限りデータで記録できるようにする

　・操作性のいいExcelに入力して会計ソフトに取り込む

などということで、経理を効率化しているわけです。

　記帳代行にせよスキャン代行にせよ、適正な値付けができ、データ分析や報告にも時間をかけることができるなら業務を請け負っても問題ありません。

　そうではなく、データ分析や報告に時間がかけられない、前述した資金繰りや融資、節税、税務調査のためのアドバイスができなくなるようなら、業務内容または値付け、その仕事自体を見直す必要があるでしょう（人員を増やすことも含めて）。

　記帳代行、スキャン代行といった業務を請け負うことが悪いのではありません。

　力の入れどころの問題です。

　記帳代行をするにせよしないにせよ、経理では力を抜きましょう。

３　経理の効率的なチェック

　経理のチェックや会計ソフトのチェックは、意思決定を左右するような大きなミス、例えば

・融資を受けるタイミングを間違える

・節税をするかどうかの判断、どのくらいするかを間違える

・実は利益がプラス（マイナス）だった

・節税ができたのに見落としてしまう

・税務調査で大きなミスがあり罰金が多くなった

・株価が上がりすぎて株の移転に多額のコストがかかった

これらのミスさえしなければ、ある意味力を抜いて問題ありません。

　もちろん、100％正しい数字であるにこしたことはありませんが、月次決算にはより大事なことがあります。

　それは数字を見て話し、意思決定、行動することです。

　経理のチェックや会計ソフトのチェックに力を入れすぎて、その本質を見失わないようにしましょう。

　数字がそろわず、打ち合わせもできないという事態は絶対に避けなければいけません。

　お客様側の事情で経理の数字がそろわないときは、その整理に力を入れましょう。

　逆にこちらの事情で、経理が間に合わないことは避けたいものです。

　月次決算では、まず次のようなチェックをしています。

・B/Sの残高のチェック

・P/Lの推移表のチェック

B/Sの残高がきちんと合っているか、ましてやマイナスではないかです。

次に、P/Lの推移表を見ます。

データをExcelにエクスポートしてチェックし、その推移で異常値がないかといったことはひととおり見ています。

基本的に発生基準にし、例えば社会保険料の会社負担分の未払計上は金額が大きくなりがちですので、重視します。

消費税の課税区分は、決算時に再度見直すようにし、月次決算ではさほどチェックしません。

科目ごとに消費税区分をチェックできるようにし、修正の手間を少なくしています。

例えば、諸会費には、消費税対象外のものを入れ、それ以外は支払手数料に入れるといったような区分です。

経理上の不明点の確認は、打ち合わせ時にしています。

事前に聞いて数字を完成させることはしていません。

ここも力を抜いているところです。

どちらにせよ、決算予測、資金繰り予測など、打ち合わせ時に完成させたほうがいいものがありますので、打ち合わせ時にはパソコンを必ず使い、画面をお見せしながらデータで打ち合わせをします。

オンラインの打ち合わせであれば画面共有です。

資料を完成させてプリントアウトすることには力を入れていません。

　また、不明点の確認は、質問ではなく尋問にならないようにしています。

　話の流れの中で確認したり、確認する理由をお話ししたりしてから聞くようにしているのです。

　メール等でも「～してください」という言葉は使いません。

　「税務署に明細を出さなきゃいけなくて、申し訳ありません、この請求書を見せていただけますか？」というように。

　税理士の言葉は重く強く硬くなりがちです。

　やわらかくしてもしすぎることはありません。

　一方で、お客様は信頼していますが、数字は信用していません。

　信用できるのは預金残高くらいです。

　必要に応じて、レシートや領収書、請求書などの証拠を確認するようにしましょう。

　ただし、そのときも、さりげなく確認したいものです。

　預金残高も、ネットバンクを見て確認しましょう。

　クラウドの連動がうまくいかず、二重計上してしまうということもあり得ます。

　また、金額が大きい売上と仕入は重点的にチェックしましょう。

　金額とともに、そのタイミング、計上基準はチェックしておきたいものです。

　経費では100万円単位で間違えないようにしましょう。

もちろん1円単位で合わせるのが理想ですが、1円にこだわると大きな見落としをしてしまいます。

　やはり金額が大きいのは、売上と仕入ですので、期ズレも含めて、売上の基準、仕入の基準はしっかり確認しておきましょう。

　税務調査でも論点となるところです。

　報告書のようなものを送ることはしていません。

　独立当初は月次のチェックの報告書みたいなもので、どこを修正した、何をしたというようなことをしていました。

　ただ、本当に必要かどうか。

　今は一切していません。

　経理担当者がいらっしゃる場合は、こういうことに今後気をつけていただきたいということ、消費税の課税区分や仕訳の注意点など、マニュアルのようなものをお送りすることはありますが、経理に関わらない社長に対してすることはありません。

　社長自身で経理をやってらっしゃる方にはマニュアルとしてまとめています。

　修正事項をずらっと一覧にするといったことはやっていません。

　大きな問題についてはもちろんお伝えするのですが、その都度、金額の小さいところや重要度が低いところ、例えば、課税仕入が対象外になっていたというようなところは、細かくは伝えていません。

　そこが本質ではないからです。

　こちらがお願いする仕事でも、そんなこといちいち聞かずにやって
くれればいいということもあるでしょう。

　お客様にきっちり確認を取ることとそうじゃないこと＝プロに任せ
ておいてくださいというところ、その力の加減を大事にしましょう。

　請求書や証憑のチェックはどの程度するかどうか。
　請求書やレシートを1枚ずつめくってチェックする必要があるかど
うかです。

　もちろんその請求書に偽造の疑いがあるといったようなことは、現
物を見てわかる可能性がありますが、その偽造の可能性がどこまであ
るかどうか。
　お客様を過度に信じることも過度に疑うことも好ましくありませ
ん。

　一方、月次の数字をさかのぼっての修正は、適正な範囲でしてい
ます。
　数字はできるだけ月次で固めるというのが理想ですが、それなりに
難しいことです。
　もちろん、月次で締めてはいますが、その後に細々と修正はしてい
ます。

　社会保険料は、「預り金」とすると、経理が煩雑になります。
　給与計算ソフトから連動させている場合は、設定を変えましょう。

「預り金」を使わずに「法定福利費」で処理しています。

　預かったときも法定福利費のマイナスで処理し、差し引きで合わせるということです。

　クラウド会計ソフトと連動していると、売上や経費の二重計上はありえます。

　そのチェックには力を入れましょう。

　摘要は、基本的に、支払先、内容、経費の分析、売上の種別の分析などに必要なものは入れています。

　問題になるのは仕入税額控除です。

　消費税の原則課税の仕入税額控除で、取引先の名称と内容などはしっかりチェックしましょう。

　勘定科目については、お客様ごとに確認しながら決めています。

　画一的な基準にはしません。

　ここは力を入れたいところです。

・IT関係ならIT費にまとめる、車関係は車両費、事務用品費と消耗品費はわけない

・雑費を使わない

・会計ソフトの科目と決算書の科目を変える→分析のための科目と、税務署・金融機関向けの科目をわける

　細かくわけて経費に落とせるものはわけています。

　設備投資もそうです。

　飲食費は、飲み会を10人で行って、割り勘をしたのに、レシートだけを受け取るということがもしあれば、指摘します。

　消費税の課税区分で「非課税仕入」は対象外にしています。
　その他使わないようにしている課税区分もあります。

　経理について注意すべき点を、マニュアルとしてまとめておき、適宜ご覧いただくことも大事です。
　月に1回ならともかく年に1回だと忘れてしまいますから。
　これはお互いあり得ることですので、こちらもマニュアルをつくっておきましょう。

　マニュアルといってもお客様ごとにメモをするだけです。
　例えば、
　・受け取るデータ
　・使う会計ソフト
　・特殊事情
　・決算のときにこちらでする処理
　・お客様が間違いがちなところでチェックしたいところ
　などといったことをNotionに入れています。

　また、大事なことはメールしておくと、お名前で検索すれば前の情報が出てくるので便利です。

お客様への連絡とデータベースを兼ねることができます。

　まとめておいたほうがいいものは、メールからコピーしてEvernoteにまとめておきます。

4 インボイス制度のチェック

　インボイス制度スタート後、請求書（請求書に類するものを含む）には、次の7つの項目が必要です。

① 相手の名称

② 自分の名称

③ 取引の日付

④ 取引の内容

⑤ 税率ごとの合計

⑥ 税率ごとの消費税額

⑦ 登録番号（適格請求書発行事業者番号）

　端数処理は税率ごとの合計の後にすることになっています。

　この様式をひととおり確認する必要はあるでしょう。

　取引の日付が入っていないケースもあるかと思います。

　⑦の登録番号には特に注意が必要です。

　登録番号が入っていないと、お客様が取引先から指摘されることになります。

　複数の方がExcelで請求書をつくっているケースは要注意です。

請求書に類するもののチェックも気をつけましょう。

・領収書・レシート

・支払通知書

・契約書

といったものです。

領収書の書式についても確認しておきましょう。

仕入明細書・支払通知書

先方に支払った明細についての仕入明細書や支払通知書を出す場合は、先方の登録番号が必要です。

また、仕入明細書、支払通知書は、相手方の確認を受けたものに限られます。

この相手の確認を受ける方法については、自動承認がおすすめです。

「送付後一定期間内に誤りのある旨の連絡がない場合には記載内容のとおり確認があったものとする」と請求書等に明記していただきましょう。

契約書

契約書では、インボイス制度前のものに気をつけましょう。

登録番号や税率ごとの合計、消費税額などが契約書に入っていない場合がほとんどです。

覚書をつくるか、通知をするように、お客様へ伝えましょう。

口頭で契約し、契約書がない場合は、何かしらの方法で伝える必要があります。

　いまさら契約書を交わすのも大げさでしょうから、インボイス制度用に通知をするのが現実的です。

　これは税理士自身も気をつけなければいけません。

　契約書、請求書がないケースもあるでしょう。

　自動振替にして振替明細書・領収書に登録番号を入れる方法もあります。

　家賃の場合も売却通知なりでの手当が必要です。

　パターン別に、

・請求書のみ

・請求書、領収書

・レシートのみ

・契約書＆自動引き落とし

など、お客様ごとに整理しておきましょう。

　原則課税の場合、仕入税額控除でも請求書等のチェックが必要です。

　カード明細はインボイス制度の要件を満たしません。

　登録番号はもちろん、相手先の名称も入っていない場合もあるからです。

　またインボイス制度だけではなく、仕入税額控除の要件も満たしません。

支払先が発行したものではないからです。

仕事量の把握としては、

・これまで免税事業者で、インボイス制度により課税事業者になるケース

・以前からずっと課税事業者

そして、

・原則課税か簡易課税か

・2割特例を使えるか

といったことを、事前に把握しておきましょう。

新規契約の場合にも、仕事量を見誤らないようにしたいものです。

5　顧問のお客様とどういったことを話すか

税理士業務での打ち合わせでは何をするか。

よくあるのは、事前に準備した資料を見ながらお客様と話す、または資料を読みあげることでしょう。

しかし、打ち合わせの主役は資料ではありません。

お客様です。

打ち合わせにおける話と資料の理想のバランスは、9 対 1です。

資料にもこだわって、自分なりのものをつくっているのですが、打ち合わせの場では何を話すかということのほうが大事です。

力を入れましょう。

こだわった資料に感激してくださる方もいらっしゃるかもしれませんが、それよりも、お客様と何を話すかのほうに重きをおきましょう。

　私も別にコミュニケーションが上手というわけでもありませんが、そういった中でちょっとずついろいろと工夫してきたことがあります。

　まず、税理士はあくまでお客様のサブ的な立ち位置であり、メインで話す必要はありません。

　何よりもメインであるお客様のニーズをつかみましょう。

　そのニーズとは、前述のとおり、多くの場合、節税、お金、税務調査です。

　節税はもちろん、お金がどうなるか、融資を受けられるか、そして、経費になるかといったところには興味をお持ちでしょう。

　ただ、ニーズがなくても大事なこともあります。

　それを先に話してしまうとお客様も腑に落ちませんので、ニーズがあることに大事なことをちょっとずつ混ぜていきましょう。

　私は、お金の話をしながら、経理の話を少しだけするというようにしています。

　インボイスも、お客様には何の得にもならないものですので、税務調査やお金の話の流れで、ちょっとずつ混ぜています。

　業績がどうのこうのというのも大事ではあるのですが、そこはお客様が一番わかっていますし、業績がよくないからといってがんばりま

しょうという言葉も別に期待してらっしゃらないでしょう。

　税理士に売上を増やすということを期待してらっしゃいません（私も自分と同じ立場の「ひとり」の方なら売上を増やすことに関するノウハウを提供できますが、そうでないなら余計にそこには踏み込みません。お客様のほうが得意でしょうから）。

　それよりも税理士が数字から言えることを伝えていきましょう。

　このとき、どの時間軸かは意識したいものです。

　打ち合わせのタイミングにおける時間軸として、過去、今、未来があります。

　私がその時話す割合は過去2 対 今2 対 未来6くらいです。

　過去と今のことについては、資料でも話でも少し触れるだけにしています。

　仮に10日に、前月の業績を話してどれだけ意味があるのでしょうか。

　10日ならまだいいのですが、それが、20日、30日、ましてやその次の月ならなおさらです。

　来月以降どうなるか、今後どうするか、決算はどうなるかという話のほうがニーズはあります。

　過去の話は2分で十分です。

　税務申告、決算が完了するのは、ギリギリだと決算月の2か月後です。

決算は2か月以上前の数字ですので、過去のことを必要以上に話しても意味はありません。

　それよりも未来のことを話しましょう。
　決算予測、資金繰り予測、納税予測が大事ということです。

　感情としては、やはり楽しい、得するポジティブな話のほうが好まれます。
　どうしても税理士の話は、ネガティブで損すること・得しないことになりがちですので、このあたりは何とかしたいものです。

　お客様だって、税理士にあまり細かくくどくど言われたくないでしょう。
　私は大きな間違いだけ伝えています。
　例えば
　・社会保険料が未払いである
　・資産で消耗品費にできるものなどがそのままになっている
　・経費ではないもの（完全にプライベートなもの）を入れている
　といったものです。

　小さい間違いなら、こちらで修正してしまいます。
　打ち合わせしながら修正できるスピードは磨いておきたいものです。
　ただし、経費の基準は伝えておきましょう。
　理由もなく、こちらで勝手に経費を削除してはいけません。

うんちくを語りすぎるのも気をつけましょう。

どこまでがうんちくかというのは難しいところであり、根本的なことを知っておいていただいたほうが、今後の仕事がやりやすくなり、お客様のためにもなるということはありますが、限度はあります。

お客様が興味のないこと、例えば税制改正の内容をひととおりまんべんなく話すということはしません。

お客様にとって得になることは話します。

得することを話して、ネガティブなことを話して、得することを話してネガティブなことを話すというように、バランスをとっています。

やらなければいけないこともそうです。

そして、ネガティブなことをガミガミいいません。

ミスがあったとしてもです。

ちょっとずつよくなればいいと思っています。

顧問であれば、継続的にお付き合いできますので、ちょっとずつでいいわけです。

すぐにできることを望まないようにしましょう。

ましてや、それをバカにすることは、プロとしてあってはならぬこと。

皆さんもご自身が知らないこと、できないことはあるはずです。

税務の話で絶対にやってはいけないことはそれほどありません。

架空の経費をでっち上げる、売上を抜く、完全なプライベートを経費にするといったことはダメです。

ここぞというときにそれらをやめていただくためにも、普段は細かくは言わないようにしています。

　「大丈夫ですよ！」「この調子で！」とまでいかなくても、少しでもポジティブな要素を見つけて話しましょう。
　お客様を褒めることも大事です。
　売上が増えた、あるいは売上は減ってしまったけど経費も減っている、売上は減ってしまったけど利益はかえって増えているなど、何かしら褒めるべきところがあります。
　それを打ち合わせでは先に話しましょう。

　仮に売上が減って、利益も減ってしまったとしても、まとまった時間ができて、好きなことができるようになったなら、いいことだといえます。
　考え方ひとつで、これも楽しい話題です。

　私自身、「明るい」というほうではありませんので、より工夫しているつもりです。
　何かしら楽しいことを話せて、それを共有できるようなお客様とお付き合いするというのも、営業の入り口では大事です。
　私は、業務の規模をどんどん拡大するということを好みませんので、そういったお客様とは楽しみをわかち合えない可能性があります。
　そのため、今のような発信（むやみに拡大しない方に来ていただく）をしているのです。

❻ 打ち合わせの議題をつくる

　打ち合わせで話すことは、Notionでチェックリストにしています。
　質問事項がもれないようにするためです。
　「あ、忘れた」となると、打ち合わせ以外に連絡しなければいけなくなり、お互い非効率です。

　打ち合わせで完結するようにしましょう。
　次の打ち合わせでこれを話そうというものを日頃メモしています。

　スマホやパソコンでメモしていき、それを整理するとチェックリストができます。
　次の打ち合わせのときには自然と話すテーマができているのです。

　話の流れの中で、さりげなく不明点を聞きながら、ネガティブなことやポジティブな話もしながら、お客様の話も聞きながらで、決められた時間で終えるようにしています。

　こちらだけが話さないようにしましょう。

❼ 打ち合わせの効率的なメモ

　お客様との打ち合わせ内容、会話を覚えておくようにしましょう。
　次回の依頼にもつながります。
　ただ、暗記する必要はありません。

話を記憶するというよりも記録しましょう。

対面なら、iPadでメモ（メモアプリ）、オンラインなら別のディスプレイに開いたNotionでメモをしていることが多いです。

前回した話は、今回の打ち合わせのきっかけにもなるので、打ち合わせの前に目を通しておきましょう。

毎回、同じ質問をしたり大事なことを忘れていたりすると、お客様にも申し訳が立ちません。

私は、Notionにカルテとしてお客様ごとにまとめています。

何を話そうか迷ったら、お客様の話に興味を持ちメモを取りましょう。

興味を持てないようなら、その方と契約は続けるべきではないかもしれません。

8 税理士の役割

我々税理士にとっても資金繰りについては大事なことではないでしょうか。

どんなに理想を掲げていても、事業を存続できなければ意味がありません。

事業の存続というのは、お客様にとっても大事なことです。

お客様の事業が存続するためにどういったことをしていくか、これが税理士の役割の大きなものではないでしょうか。

　単に税金を計算するのではなく、お客様の事業存続のための資金繰りの一環として税金を計算すると考えましょう。

　節税も、お金を残すため、つまり資金繰りのサポートの一部です。
　資金繰りのサポートは、税理士業の基本業務です。
　月次決算でも当然話題にします。

　資金繰りのサポートに別途報酬を設定する方法もありますが、私は、ここまでしないと税理士業の意味がないという認識です。

　お客様の事業が存続できなかったらどうなるか。
　みんな食べていくことができなくなります。
　お客様だけではなく、その家族も食べていけなくなりますし、従業員の方を雇っていたら、従業員の方の家族にまで及ぶわけで、相当に重いことです。
　いくら理想を掲げていても、自由を満喫していても、食べていけなくなれば、そこでゲームオーバーになってしまいます。
　そのお客様の取引先にも迷惑をかけてしまうでしょう。

　最終的にはどうなるか。
　自己破産となります。
　逆に言うと自己破産しないと逃れられないということです。
　自己破産したからといってダメというわけではないのですが、そうならないためにも、個人的に借り入れをする、カードローンを使う、消費者金融に駆け込むということがないようにするという目線で、お

客様の数字を見ましょう。

　数字は生きものです。
　つくりものではありません。
　ときには命に関わる可能性もあります。
　そのくらいまで悲観的・現実的に考えることができるのは、税理士
だけです。

　月次決算では資金繰りのサポートに力を入れましょう。

❾　資金繰り改善のサポート

　月次決算では、お金のことを重点的に話したいものです。

　資金繰りの現状を伝えること、改善に力を入れましょう。

　資金繰りの改善をすすめる上で、まず目安を示しましょう。
　営業利益＋減価償却費−返済額がプラスになるようにしたいもの
です。

　まずは、売掛金の明細を確認して、未回収のものがないかどうか。
　回収が滞っていると当然のことながら資金繰りは悪化します。
　契約、受注時に請求（値段も含めて）について話し合っているか、
請求時に支払期限を明記しているかどうかも確認しましょう。

　取引先の与信管理は欠かせないものです。

　ネットで調べてみるだけでも違ってきます。

　可能であれば、前受金を半分でも受け取ることもお伝えしましょう。

　在庫がある場合は、不良在庫がないか。

　ただ、在庫は数字からいうと少ないほうがいいわけですが、やはり現場は在庫を持ちたいわけです。

　注文があって、すぐ商品をつくることができるわけでもありませんし、発注してすぐ商品が届くわけでもありません。

　ただ、現場の要望と帳簿上の数字のバランスをとるため数字面からの指摘はしておきましょう。

　支払いを先延ばしにすると、資金繰りは楽になるかもしれませんがなかなか難しいことです。

　しくみとして先延ばしにできないか、前払いではなく後払いにできないかを検討していただきましょう。

　前受金を受け取ることとは別の方向性です。

　経費削減では、まず事実を示し判断していただきましょう。

　金額の大きい人件費、家賃、保険料などから考えたいものです。

　人件費は労働分配率（人件費/粗利）を目安として示しましょう。

　逆に、これくらいまでは出せるという指標もおすすめです。

　特に決算賞与では、考えてみましょう。

人件費を上げたくないが故に残業代を払わないと、社員から訴えられるリスクがあるので、きちんと払うことをおすすめしています。

それに、残業代を払うようにしておけば、残業をすればするほどかかるお金（残業代）が増えてしまうので、残業しない（させない）ように効率化を考え、工夫しようとするでしょう。

10 資金繰りに困ったときにどうするか

資金繰りに困ったらどうするか。

その順番も話し合っておきましょう。

リスクには適度に備えたいものです。

社長から個人的なお金を会社の口座へ入れていただくことには気をつけましょう。

頼りすぎると、お金の流れが見えにくくなり他の資金繰り改善がすすみません。

融資も方法の1つとして考えてみましょう。

新規の金融機関よりも既存の金融機関を検討するのが一番です。

折返し融資（融資残高が半分程度になったら、再度融資を受ける。例として1億円借りていて、残高が5,000万円ほどになったら、その5,000万円を返して、1億円を借りる）も考えてみましょう。

新しい条件となり、金利が下がる場合があります。

限度はありますが、資産を売却することも、考えたいことです。

　生命保険は解約してしまうと保障もなくなってしまうので、払いどめ（保険料を払うことをとめる）や、契約者貸付金で、一時的に借りるということもできます。

　経営セーフティ共済、小規模企業共済など払った保険料に応じて借りることができる制度も活用しましょう。

　支出を減らすという策としては、

・役員報酬を未払いにする（減額は慎重に）

・融資の一本化（返済額を減らせる可能性）

・固定費の契約解除

・オフィスの移転

・外注費の削減

などがあります。

　避けたいのは、

・社会保険料、税金を払わないこと

・融資のリスケ（返済の先送り）

・従業員の給料、仕入、外注費の支払を遅らせること

といったものです。

　いざというときにどうするかを一度テーマに上げておきましょう。

　資金繰りが順調なときにこそ、話しておきたいものです。

(11) 決算予測・納税予測

　決算予測、納税予測はデータでお見せします。

　対面ならパソコンの画面を見せますし、オンラインなら画面共有です。

　予測は、基本的にExcelでつくりつつ、その場で完成させます。

　これは別に手を抜いているわけではなくて、その場で完成させたほうがいい部分があるからです。

　例えば決算予測であれば、打ち合わせのときに「来月は、1,000万円で見ていたところを、もうちょっと増えるかもしれない」、「3か月後には3,000万円の案件が入った」という話を聞いたらその場で試算して、即座に「決算のときにはこれぐらいになります」「納税がこれぐらいになります」という話をします。

　このデータの共有もしていますが、お客様にその後ご覧いただかなくてもいいようにその場で、今後何をするかということを決めるようにしています。

　月次決算をする会社で、決算月が3月の場合は、4月からその年度の決算が始まるので、4月から決算予測をしています。

　予測値について、口頭で触れるかどうかはともかく、資料には入れておきたいものです。

　納税予測もしておきましょう。

　法人税ならざっくりと利益の40％（税引前当期純利益×40％）で計算してもいいのですが、私はExcelに税率を入れ計算しておくことをおすすめします。

　自分の認識がずれていないかの確認にもなるからです。

　納税予測をしているからこそ決算対策に意味があります。

　Excel上で数字を動かし、お客様と打ち合わせをしながら、預金がどうなるか、決算時の利益がどうなるか、納税額がどうなるかをお見せしましょう。

　できる限りの節税をして、それでも税金が減らないこともあれば、十分減る場合もあります。

　そのようにシミュレーションして実際に示すことが大事です。

　ただし、決算予測や納税予測は、きっちり正確にはしていません。

　「予測と違ったではないか」と言われる可能性はほとんどなく、ざっくりとでも予測することが大事なわけです。

　納税予測に関しても多めにお伝えするようにしています。

　税金が少なくなる分にはいいのですが、増えるというのは、お客様にとっても負担です。

　真っ当な節税をすすめるにあたって、税金の痛みはやわらげておきましょう。

申告間際になって、納税額をお伝えしても、「そんなに払えない」「税金は嫌だ」ということになってしまいます。

　税金の痛みを、痛みどめ＝無茶な節税・リスクのある節税で、ごまかすことはやめましょう。

　また、法人のお客様の場合、法人での痛み、個人での痛みは、お客様ごとに違ってきます。
　役員報酬で法人の節税ができても、個人の所得税や社会保険料の痛みを感じる場合もあるのです。

　その痛みをやわらげるために、正論＝納税することで社会貢献できるということを先に言わないようにしています。
　もちろん事実ではあるのですが、正論ではお客様が感じる一番の痛みをやわらげることはできず、納得感を持ってもらいにくいからです。

　お客様の直接的な損得から伝えましょう。

12 請求の効率化

　請求書はPDFでお送りしています。
　口座振替のシステムは好きではないので使っていませんし、請求書の郵送は基本的にしていません。
　余計な手間がかかるからです。

　どうしてもという場合は、Webゆうびん（PDFをアップロードして先方へ郵送できるサービス）を使っています。

　指定の期日にもし入金がない場合、催促は力を入れるべきところです。
　1日でも入金が遅れたら、さらりとメールするようにしています。
　重く考えずに、「ご入金が確認できませんでした。恐れ入りますが、ご確認いただけますでしょうか」とポンとメールするようにしましょう。
　催促自体は力を入れ、メールをするときには力を入れないということです。
　人間、ついうっかりということもあります。
　「入金がないということは、サービスに不満があるのでは」など余計なことを考える必要はありません。

　毎月ご入金がない、ひんぱんにないということであれば、解約理由になり得ますが、そこまではないときは、さらりと催促しましょう。
　そこに力を入れて考えてしまうと、自分もつらくなります。
　ある意味軽くなりましょう。
　私も重いほうではありますので、「軽く」を意識しています。
　税理士業をする方は、重くなりがちな方が多いので、自覚しましょう。

第**9**章

月次決算での経営分析

1 この章のポイント

月次決算で数字の話をするなら経営分析がおすすめです。

■力を入れるところ
・比較
・お客様ごとに異なる資料づくり
・使う経営分析値の選択
・経営分析自体に手間をかけない

■力を抜くところ
・試算表の解説
・会計ソフトの資料を使うこと

2 どんな資料をつくるか

月次でどんな資料をつくるか。
・資金繰り予測表
・決算予測
・納税予測
・3期比較売上グラフ
・前期比較
・経営分析値
が主なものです。

　資金繰り予測表をつくるには、
　会計ソフトの仕訳データ→ExcelのピボットテーブルとVLOOKUP
関数で集計という方法がおすすめです。
　予測部分は、お客様と打ち合わせをしながらつくります。

　決算予測、納税予測、3期比較売上グラフ、前期比較、経営分析値は、
　会計ソフトの推移表データ→ExcelのVLOOKUP関数で連動という
方法でつくります。

　その他、こういったパターンがあります。
・複数の種類の売上があるなら、その売上種別のグラフ、データ
・人件費の削減を考えてらっしゃるなら、人件費の詳細比較データ
・固定費を下げたい、注視したい経費があるなら、その経費の内訳
・独立まもない時期で、最低限これだけの売上がないと厳しい場
　合はその売上との比較
・融資を受けている場合は、金融機関からの視点を加えたデータ

基本パターン	毎月（規模が大きい）	資金繰りの必要性
○議題	○経営分析値	○資金繰り実績
○前期比較・明細	○予実管理	○資金繰り予測
○推移表＋決算予測	○売上グラフ（3期）	○金融機関向け
○納税予測		

独自の資料
○必要売上
○売上の細分化
○人件費
○固定費

試算表も必要かどうか。

私は試算表を一切使いません。

金融機関への提出用に使っていただいているだけです。

手を抜いているわけではなく、力を抜き、他の資料をつくることに力を入れています。

といっても、力を入れる＝時間をかけるという意味ではありません。

つくるのは、長くても15分、短いと、会計ソフトでチェック→RPA→Excelでチェックと、5分ほどで終わります（会計ソフトでの修正箇所がどのくらいあるかによって変わります）。

チェックスピードも鍛えていきましょう。

そのチェックの時間自体には価値はありません。

その資料はお客様ごとに異なる資料をつくっています。

　それぞれ業種も違えば、お客様の性格も違いますので、そこには力を入れているのです。

　お客様の反応を見ながら少しずつ変えていきましょう。

　資料の分厚さが価値ではありません。

　その資料をお客様はご覧になっているでしょうか。

　今後、何をすべきか、数字がある程度頭に入っているかどうかというところが大事であり、そこには力を入れます。

　試算表を金融機関に出してらっしゃる方には、会計ソフトから出していただくか、試算表のPDFを共有しています。

　共有の場合も、打ち合わせ前にDropboxに入れるだけです。

　そもそも「試算表」はこちらで確認のために使うもの、見せるものではありません。

　試算した表ですから。

　この業界に入ったときに、試算表が資料として使われていたことにびっくりしました。

　簿記では、あくまで途中過程のものだからです。

　会計ソフトの試算表は、B/Sが2枚になっていたり、P/Lが1枚と1行になっていたり1枚に納まらないことがありますが、金融機関向けであるなら気にしていません。

　資料に関しては「12月」「1月」「2月」と毎回入れるのではなく、

「前月」「当月」「翌月」という表現にしています。

　毎回、入力する手間、そしてミスをすることを避けるためです。

　期についても同様に「前期」「当期」「翌期」を使っています。

　資料にお客様名は入れません。

　お客様には必要ないからです。

　会計ソフトや税務ソフトでは入ってしまいますが、ご自身の氏名、名称はわかりきっているものです。

　こちらの都合で入れているにすぎません。

　Excelでは、ヘッダーやフッターといった、一見見えないところに情報を入れないようにしています。

　見落としてしまうリスクがあるからです。

❸　現状分析

　現状の推移や、前期比較は、チェックにも使えますし、報告資料にもなります。

　前期と大きく増減しているところは会計データの入力や連動が間違っているか、本当に増減しているからです。

　その増減を資料に組み込んでおきましょう。

　例えば、

　　・人件費が減っていたら、「○○さんが辞めた」「ボーナスが減った」

　　・消耗品費が増えていたら、「○○を買った」

・資金が減っていたら、「返済があった」「設備投資をした」
など、数字からわかる事実はあるものです。

　聞かれたら答えるのではなく、先に調べて資料に組み込んでおきましょう。
　スムーズに打ち合わせができます。
　これが、Excelで資料をつくるメリットです。

　税金、税制改正関係も、すべて同じものにせず、お客様ごとに変え、具体的な数字で解説しております。
　伝わりにくいので国税庁のパンフレットやホームページの図をそのまま使うことはありません。
　手間がかかるのですが、力を入れる価値はあります。

　その分、Excel、マクロ、RPAを使って徹底的に効率化しているのです。
　税理士業務、経理業務を効率化するには、税務ソフト、会計ソフトを極力触らないことがポイントです。
　税務ソフト、会計ソフトは、効率のよさや使いやすさを考えられていないからです。

　また資料は、チェックにも、アウトプット＝報告にも使えるようにして効率化しましょう。
　グラフを使うと、それができるのです。
　パッと見て異常値がわかるのでチェックも速く、お客様にも伝わり

やすくなります。

　会計ソフト→Excelに貼り付け→グラフができるというしくみをつくっておきましょう。
　一度しくみをつくれば、半永久的にそのしくみを使えます。
　そこで得た時間を、お客様ごとの資料をつくることに充てましょう。
　お客様ごとに求めるものは違うはずです。

　画一的な資料、会計ソフトの試算表ではそのニーズは満たせません。
　お客様ごとの資料づくりは力の入れどころです。

　また、現状を分析するために経営分析値を使っています。

❹ 経営分析する理由

　なぜ経営分析をするか。
　通常アウトプットに使われる試算表、決算書に私は疑問を持っているからです。
　これらの資料がお客様に伝わるかどうか、お客様が見ていて楽しいかどうかというと、そうではないと思います。

　数字を見ていただくのは、何かしら行動につなげていただくためでしょう。

　税理士の役割としては、税金を計算してお客様にお伝えして税金を滞りなく払っていただくということが1つですが、それなりの手間をかけてせっかくつくる数字、さらに活かしたいものです。
　顧問料という一定の投資をしていただく以上、できるだけこのリターンを増やしたいと思っています。

　その1つが、経営分析値です。
　経営分析値とは、B/S、P/Lの数字を使って導き出すもの。
　例えば、ROA（総資産利益率）なら、経常利益（当期純利益である場合もあります）を総資産で割ることで出すことができます。

　その経営分析値は、会社の業種、規模に関わらず、ある程度の目安を示すことができるのがメリットです。

　例えばROAだったら5%を目指したほうがいいという話ができます。

　他にも、預金をいくら貯めておけばいいか、売上の2か月分、3か月分、1年分といった話ができるのです。
　そうするとお金を貯めるためにはどうすればいいか。
　・利益を増やさなければいけない
　・回収を早めなければいけない
　そして、
　・税金を払っていかなければいけない
　わけです。

単に

・利益を増やしましょう

・回収しましょう

・税金を払いましょう

と言うよりも説得力があります。

さらに、目安、目標は、伝わりやすいのでお客様のウケがいいのもメリットです。

試算表や決算書を使って細かく解説するよりも、経営分析値はスッと入りやすいのです。

もちろん試算表や決算書が読めるようになるのが理想ですが、その過程、第一歩として経営分析値から馴染んでいただきましょう。

経営分析値から入っていただいて、数字に興味を持っていただくというのが最大の目的です。

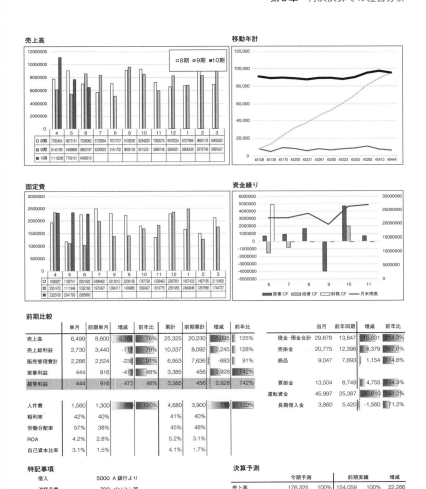

売上高

	4	5	6	7	8	9	10	11	12	1	2	3
8期	7786454	9073151	7038062	5733894	7072707	9109292	9294220	7262075	6578224	6727889	9650178	6905202
9期	6140198	5469669	8600187	8330025	5161702	9608158	8515231	5989748	8264021	6806439	8276746	9065427
10期	11115206	7708151	6498919									

移動年計

固定費

	4	5	6	7	8	9	10	11	12	1	2	3
	1930027	1182741	2251822	2499402	2312610	2230156	1787228	1338463	2287851	1657433	1497185	2115408
	2351472	1111949	2095160	1972427	1384217	1409965	1682407	1819775	2351955	2480846	1267568	1744737
	2325100	2341700	2282800									

資金繰り

前期比較

	単月	前期単月	増減	前年比	累計	前期累計	増減	前年比
売上高	6,499	8,600	-2,101	76%	25,325	20,230	5,095	125%
売上総利益	2,730	3,440	-711	79%	10,337	8,092	2,245	128%
販売管理費計	2,286	2,524	-238	91%	6,953	7,636	-683	91%
営業利益	444	916	-472	48%	3,385	456	2,928	742%
経常利益	444	916	-472	48%	3,385	456	2,928	742%
人件費	1,560	1,300	260	120%	4,680	3,900	780	120%
粗利率	42%	40%			41%	40%		
労働分配率	57%	38%			45%	48%		
ROA	4.2%	2.8%			5.2%	3.1%		
自己資本比率	3.1%	1.5%			4.1%	1.7%		

	当月	前年同期	増減	前年比
現金・預金合計	29,678	13,847	15,831	214.3%
売掛金	20,775	12,396	8,379	167.6%
商品	9,047	7,893	1,154	114.6%
買掛金	13,504	8,749	4,755	154.3%
運転資金	45,997	25,387	20,610	181.2%
長期借入金	3,860	5,420	-1,560	71.2%

特記事項

借入	5000 A銀行より
消耗品費	700 パソコン等
交通費	549 出張

決算予測

	今期予測		前期実績		増減
売上高	176,325	100%	154,059	100%	22,266
売上総利益	96,209	55%	83,192	54%	13,018
販売管理費計	64,592	37%	56,784	37%	7,808
営業利益	31,618	18%	26,408	17%	5,210
経常利益	28,830	16%	20,984	14%	7,846

5 経営分析の罠

経営分析には、気をつけなければいけないことがあります。

その理由の1つ目は、経営分析は結局過去の分析でしかないことです。

試算表・決算書も過去のものなので、分析も過去に対してになります。

もちろん過去を見ることも大事で、一定の役割はありますが、現在や未来を完全に分析できるものではないので気をつけましょう。

だからこそ決算予測や資金繰り予測のような未来のものとの組み合わせが欠かせません。

2つ目として、会計全般にいえることと同様、やはり製造業が対象だということです。

設備投資をして人を雇ってというようなケースがメインの経営分析もあり、株価、株主を意識した経営分析もあるので、中小企業やひとり社長にはあてはまらないこともあります。

製造業のお客様なら、それでいいかもしれませんが、そうではないときは、その使い方に気をつけなければいけません。

固定資産を持っているかどうか、融資を受けているかどうか、在庫があるかどうかによって必要な経営分析値が変わってきます。

3つ目は、同業他社との比較です。

私は同業他社比較はさほど好きではありません。

同業他社と比較して、同業の平均を目指してもしかたがないかなと

思うのです。

　同業と違うことをやらなければ意味がなく、あくまで目安というところでしかありません。

　そもそも同業他社の「同業」の定義も曖昧です。

　1つの会社で製造もしていて、卸売もしていて、さらにサービス業もしているというケースもあります。

　その場合、何業になるのかどうか。

　また、同業他社と比較できるといっても、規模の差はあり、売上1,000万円の会社を売上50億円や100億円の会社と比較して、意味があるのかというところも、気をつけたいところです。

　変動損益計算書についても、さほど気にしていません。

　これも業種によってはあてはまらないことが多いものです。

　何が変動費で何が固定費なのか、区分けが難しいこともあります。

　損益分岐点売上も同様です。

　キャッシュ・フロー計算書については、経営分析なのかどうか。

　金融機関向けにつくっているケースはあるのですが、お客様にお見せすることはありません。

　財務3表といわれているキャッシュ・フロー計算書は、一見わかりやすいようで実はわかりにくいと思うのです。

　経営分析に役立てるのであれば資金繰り表といった形のほうが好ましいと思っています。

営業キャッシュ・フロー、投資キャッシュ・フロー、財務キャッシュフローという区分は資金繰り表で使っています。

では、図解すればお客様に伝わるかというと、けっしてそうでもありません。

専門知識をお持ちでないお客様にB/S・P/Lの図は伝わっているでしょうか。

簿記をやり始めた頃に、これらを私がわかったかというとまったくわからないものでした。

なぜ右と左になるのか、B/SとP/Lのどちらに入るのか、右側に売上があって、左側に経費があるのはなぜかなど、疑問に思っていたのです。

経営分析値の1つとして、流動比率があります。

これは流動資産と流動負債の割合を示しており、一般的に100%を切ると問題があり、200%あれば安全といわれていますが、それがどこまであてになるかどうかです。

中小企業の場合、流動資産の中に特によからぬものが含まれています。

売掛金でよくわからないもの、回収できてないものもあります。

在庫も在庫管理がそもそもきちんとできているかどうかですし、在庫が多すぎると流動比率が高いといっても別にいいことではないで

しょう。

　売掛金はすぐ換金できる、商品も棚卸資産もすぐ換金できるという
話があるのですが、実際に換金できるかというとなかなかできません。
　流動比率は鵜呑みにはできないでしょう。

　そもそも流動資産と固定資産の分類をきちんとできているかという
と、できていないこともあるものです。

　流動比率は、目安の1つとしてお伝えすることはありますが、経営
分析値でおすすめしたい3つの中には入れていません。

　あまりに多くの情報は、お客様にかえって混乱をもたらします。
　全部覚えなければいけないというわけではありませんし、多くの経
営分析値を出さないほうがいいでしょう。

　過不足なくお見せするために、資料をつくるときにExcelを使って、
多少手間をかけても自作するようにはしています。
　出来合いのものをそのまま出してしまうと、情報がやはり多すぎる
のです。
　お客様ごとに必要なものを提供していくというのがやはり大事です。

　経営分析値の話をまったくしないお客様も当然いらっしゃいます
し、この経営分析値はいらないという場合もあります。
　融資を受けているかどうかでも必要な経営分析値は変わります。

経営分析は、正しい数字、月次決算が大前提です。

　期間損益が正しいか、区分が正しいかといったことも整えつつ経営分析をやっていきましょう。

6 B/S を解説できる ROA

　メインの経営分析値として、次の3つを考えています。
ROAと労働分配率と自己資本比率です。

　これら3つは、経営分析値を提供するお客様すべてに提供しています。

　ROAについては資産に対する利益率のことで、総資産利益率、または総資本利益率といわれているものです。

　この「利益」には、当期純利益がいいか、経常利益がいいかという話があるのですが、私は、経常利益にしています。

　中小企業の場合、総資産と総資本は一致するので、どっちでもいいのですが、総資産ならば投資した額のリターンと考えられるので、そのほうが伝わりやすく、総資産利益率として解説しています。

　総資本の場合は、元手に対する利益なので借り入れや、資本金や、利益剰余金、その元手に対する利益を計算するということで、考え方が変わってくるでしょう。

　上場企業だと、総資本利益率ということも多いです。

　資本を集めることができるからです。

　これが中小企業だと資本を集めるということは現実的にできないので、総資産のほうがいいと思っています。

　ROAの目安としてはよく10％、20％という話があるのですが、私は5％を実質的な目標としています。

　総資産利益率は、利益率と回転率にわけられるので、利益を増やして利益率を上げていくことでも上がりますし、回転率＝効率を上げることでも上がるので、両方から考えることができるということです。

　よくいわれる、多く安く売るのか、少なく高く売るのか、そういうことにも共通してきます。

　このROAが非常に優れているのは、B/SとP/Lの両方の数字を使うことです。

　どうしてもB/Sの方は説明しにくい、お客様も興味を持ちにくいというのはあるでしょう。

　しかしながら、B/Sの理解なくして数字の活用はできません。

　ここは力を入れましょう。

　税理士事務所に入った頃は、B/Sの説明がどうしてもうまくいきませんでした。

　試算表はB/SとP/Lの順番で出るのですけど、それが苦痛で、P/Lを前にしてP/Lだけ説明していた時期があります。

　試算表を使っていたからという理由もありますが、それぐらい苦痛だったのです。

B/Sの話をするときに、このROAの話をするといいのではないでしょうか。

　ROAは、どの業種でも共通していますので、製造業だからどうこう小売業だからどうこう、規模がどうこうというのは関係ありません。

　数値は、だからこそ使い勝手がよく、メインになるものです。

　B/SとP/Lがつながっているという話もできます。

　両方を見ていただくことで、Excelで資料をつくるときにB/SとP/Lを同じ画面に出せます。

　これは試算表だとできないことです。

　この経営分析値をきっかけにして、そこから広げていきましょう。

　在庫が多いと、ROAも下がりますので、経営分析値を見ただけで在庫が多い可能性があるのではないかという話もできます。

　やはり現場としては社長も含めて在庫を持っておいたほうが楽ですから、在庫が多いので減らしてくださいとは言いません。

　あくまで「数字上はこう出ていますけど、どうですかねえ」というニュアンスで話しましょう。

　一方、在庫をそれだけ持ちたいのなら、利益をこれくらい上げたほうがいいという話もできます。

　売掛金が多すぎるということもあるでしょう。

　その他は設備投資が多すぎるのではないかといった場合、固定資

産に関する経営分析値はあるのですが、ざっくりと見るのであれば、このROAでチェックしていきましょう。

何をどうすればいいのかという方向性をつかむ話のきっかけになるのです。

ROAで目標の5％を目指すなら、経常利益をこれだけ上げるか、総資産を圧縮するかということを考えることができます。

また、これも経営分析値の罠として、預金が多いとROAは下がります。

上場企業で預金が多すぎる場合、その分を必要な投資に回してないということを指摘されることになるでしょうが、中小企業の場合は別に預金が多い分には問題ありません。

利益が少ないという考え方もできるのですが、預金がたくさんある場合にROAが低いなら、それでいいという判断もできます。

そういった話ができるのです。

❼ 人件費の目安－労働分配率

人件費を粗利で割ったものが労働分配率です。

人件費を粗利からどのぐらい払っているかを意味します。

人件費には給与賞与を含む法定福利費も含まれており、その目安は50％といわれています。

労働分配率は、人を雇っていなかったら意味がないともいえますが、ひとりでも法人なら役員報酬で考えることができるので、使って

います。

　人を雇っている場合も、労働分配率の計算に役員報酬を入れると、意味が変わってきます。

　役員報酬を上げたいのであれば上げたほうがいいからです。

　その場合は役員報酬とその他従業員の方とで分配率をわけるというケースもあります。

　役員報酬を除く、従業員の方の労働分配率を例えば30%にする、そういったやり方です。

　労働分配率は会計ソフトのデータをエクスポートしてExcelに貼り付け、そこで計算できるようなしくみをつくっておきましょう。

　会計ソフトのデータには「人件費」という項目が通常ありません。

　Excelで「役員報酬」「給与手当」などを合計できるしくみ（数式）をつくっておきましょう。

　労働分配率から何がいえるか。

　この労働分配率が高いということは粗利額、粗利率が少ないという可能性があり、人件費に十分に分配できるだけの粗利が出てないという話もできます。

　粗利を上げれば、労働分配率は下がるので、労働分配率は低いほどいいといわれており、必要な粗利の目安となるのです。

　しかしながら、逆に労働分配率が低すぎる、例えば20%だったら、もうちょっと給与や賞与を出してもいいかもしれませんという話ができます。

　賞与を考えるときにどのぐらいの金額を出すべきかという相談は多いでしょう。

　その賞与を決める際にも労働分配率を使っています。

　また、人をひとり採用するかどうかというときにも、目安として労働分配率を使ってみましょう。

❽　利益剰余金を解説できる自己資本比率

　おすすめの経営分析値の3つ目が自己資本比率です。
　自己資本（資本金＋利益剰余金等）を総資本で割ります。

　自己資本比率の目安は、30%とよくいわれていますが資本金を増やすことがなかなかできない中小企業には30%という数字はそれなりに難しいでしょう。
　ひとまず10%を目指したいものです。

　中小企業の場合、自ら増資するのならともかく、出資を受けるということもそうそうありませんし、それが好ましいこととは限りません。
　そうなると利益剰余金を増やしていくということになりますが、税

金を払いつつ、利益を出していかないと利益剰余金を増やすことはできません。

　税金を払わないとお金が貯まらない、税金を払わないと自己資本比率が上がらないという話をお客様にわかっていただくことが大事です。

　また、役員借入金を自己資本に含めて計算するかどうかについては、いったんは含めずに自己資本だけで考えましょう。

　自己資本比率から、利益剰余金という概念を話すことができるのです。

　利益剰余金は毎年の積み重ねであり、独立後10年たって利益剰余金が例えば200万円なら、独立してから10年で200万円増えているということであることを伝えられます。

　資本金は多くの場合、社長が出していらっしゃるので「社長が1,000万出して10年間で200万増えているということです」と言うことができるでしょう。

　見方を変えると、10年間で200万円しか増えてないということにもなります。

　もちろん、その価値を高めることがすべてではないのですが、外部からはそう見られるので、自己資本比率を上げるのであれば、やはり税金を払って利益を出して利益剰余金を増やしていかなければいけないといった話もできます。

　なお、純資産が株価の目安にはなりますので、自己資本比率が上がるということは株価が上がるということ、相続時の問題になり得ることも話しておきたいものです。

❾ 経営分析値を使っていくには

　経営分析値は、実務で試してみるのが一番です。

　自分の数字、お客様の数字で実際に計算してみることで身につきます。

　試す方法としてExcelで実際に計算してみる、経営自己診断システムというサイト、ローカルベンチマークというものがあります。

　まずはExcelで実際の数字を使って経営分析値を計算してみましょう。

　もちろん最初に数式をつくるときには、検算をする必要はありますが、一度つくってしまえば後は自動的にできます。

　会計ソフトのデータを活用する方法は、経営分析に限らずマスターしておくと便利です。

　是非挑戦してみましょう。

　経営自己診断システムは独立行政法人 中小企業基盤整備機構が提供しているサービスです。

　ブラウザで数値データを入力すると、経営分析値が算出されます。

　実際にExcelでした計算の答え合わせもでき、経営分析値の勉強に

も使えます。

　経営分析値の解説もあるからです。

　もし同業者比較を行うなら、200万社以上の中小企業の財務データが収録されているので、これを活用できます。

　ただ、ここで出てきた数字をそのままプリントアウトして出すというのはやめておきましょう。

　お客様にとっては、やはりわかりにくいからです。

　その他、経産省が提供しているローカルベンチマークがあります。

　経営自己診断システム同様に数字を入力すると財務分析結果が出てきて、評点が出てくるのです。

　これも答え合わせ、勉強に使うといいでしょう。

　なお、ここでは6つの財務指標という経営分析値があげられていますが、意外とROAはありません。

　　・売上増加率

　　・営業利益率

　　・労働生産性

　　・EBITDA有利子負債倍率

　　・営業運転資本回転期間

　　・自己資本比率

　お客様のデータを使って計算し、お客様にも活きた勉強の成果を提供しましょう。

第 **10** 章

資金繰り・融資をサポートする資料

1　この章のポイント

　お客様が重視している資金繰り、融資は力を入れたいポイントです。

■力を入れるところ
・資金繰り予測
・融資のタイミング、可否
・必要売上を示す

■力を抜くところ
・キャッシュ・フロー計算書
・細かい資金繰り

2　資金繰りをサポートする資料

資金繰りをサポートするとき、どういった資料をつくるか。

基本的に次のようなものをつくりましょう。
・資金繰り実績・予測表（月次）
・金融機関別の預金・借入金残高
・借入金の一覧、返済予定表
・決算予測・納税予測
・経営分析値

　お客様の状況によっては、さらに日次の資金繰り表、口座別の資金繰り表が必要となるでしょう。

　逆に融資の必要がない場合は、資金繰り実績・予測表のみでかまいません。
　融資がなくとも、お金の動きについては、話しておきましょう。

　根幹となる資金繰り表は、会計ソフトやシステムからつくる方法もあれば、Excelでつくる方法もあります。

　月初、月末の残高があり、収支は、営業、投資、財務と3区分にわけているものです。
　Excelでつくるなら、会計ソフトのデータ（仕訳帳）からつくることができます。
　ポイントは、
　・お金が増えているか、減っているかとその理由
　・今後お金は増えるか、減るかとその理由
　です。

　お金が増えている場合も、どういった理由かにもよります。
　臨時の入金があったのか、融資を受けたのかによって、今後どう動くべきかが変わるものです。
　また、通常の営業収支がマイナスであれば、何らかの改善は必要となります。

お客様には、この資金繰り表自体をお見せしていません。
このようなグラフのみお見せしています。

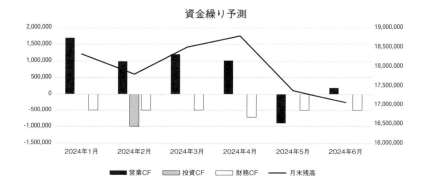

資金繰り予測

営業CF　　投資CF　　財務CF　　月末残高

　グラフだとネガティブなこと＝お金が減っていくことも伝えやすく、また、数字と違い、パッと見てわかりやすいのも理由です。

　予測部分は、お客様にヒアリングしながらつくっています。
　それまでの実績を踏まえて、事前にExcelである程度の入金・支払予定（借入金がある場合は返済予定）を入れておき（資金繰り表）、今後の入金・支払予定、融資を受ける予定、投資の予定などを会話しながら聞き、微調整していきましょう。
　むしろ、資金繰り予測表を事前につくるのは不可能です。
　ヒアリングしたことをすぐに反映するためにExcelでつくっています。
　打ち合わせ時にパソコンを使うのは大前提です。

　危機感を持っていただくというのが大事なので、入金は少なめ、控

えめに見て、支払いは多めに見るようにしましょう。

　お金の大きな流れを見るだけですので、正確な予測は必要ありません。

　実績についても月初と月末が合っていれば十分です。

　基本的に資金繰り予測は6か月先まで見るようにしています。

　お金に関する情報の整理も欠かせません。

　複数の金融機関との取引がある場合は、金融機関ごとの預金、借入金をまとめておきましょう。

　複数の融資を受けている場合も、金融機関ごとに合計しておくと、メインバンクをどこにするか、バランスをどうとるかの判断がしやすくなります。

　全体のパーセンテージを見ることで、この中でどの金融機関を多くして、どの金融機関を減らしていくのかというバランスを見ることができます。

　金融機関ごとの融資の残高は、割合を円グラフで表示しています。

　他の細かいところはお客様にお見せしません。

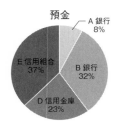

前期との比較（予算を立てていれば予算との比較）、決算予測も、1枚のシートに入れておけば、さまざまな角度から検討ができます。

　決算予測をすれば納税予測もでき、その納税額を資金繰り実績・予測表に反映できます。

　中間納税も含めて把握しておきましょう。

　融資の条件を整理することも欠かせません。

　返済額、返済期間、金利、保証協会の有無、担保などをまとめておくと、今後の戦略に使うことができます。

　新型コロナウイルス感染症関連で、長期的な融資を受けているならば、通常の資金繰り表（月次）とともに、長期的な資金繰り表（年次）も確認しておきましょう。

　据え置きや一括返済があれば、それらも確認できます。

　資金繰り上の経営分析値は、金融機関側の評価を見るためのものです。

　・債務償還年数＝借入金/営業利益→目安は10年

　・借入金月商倍率＝借入金/月商→目安は6か月

　・自己資本比率＝自己資本/負債・純資産合計→目安は10％

といったものを見ておきましょう。

　シンプルに預金と借入金を比べてみるのもおすすめです。

【3】融資をサポートする資料

　融資をサポートする資料は、前述の資金繰りをサポートする資料に加えて、次のようなものがあります。

・決算書
・勘定科目内訳明細書
・融資申込時の資料

　決算書や勘定科目内訳明細書は、実際に金融機関に融資を申し込む際に必要になる資料の1つです。

　税務署だけではなく金融機関も意識してつくっておきましょう。

　金融機関を意識すると力の入れどころが変わってきます。

　今は、融資を受けていない、受けるつもりがない場合も、今後のことを考えて、金融機関のチェックに耐え得るものをつくっておきましょう。

　状況が変わって3年後には融資を受けざるを得なくなるということもあり得るものです。

　とりわけB/Sの残高はきれいにしておきたいものです。

　貸付金・仮払金はないほうがいいのですが、貸付金はともかく、仮払金は金額が大きくなければあってもいいでしょう。

　決算月に仮払いして、その清算が翌月にあるのは、普通の流れです。

　ただ、内容がよくわからないものが残るということは避けましょう。

貸付金は、社長に対するものなら、税務的に利息を計上しておきたいものです。

　金融機関としては、貸付金・仮払金はやはりないにこしたことはないのですが、どうしても出てしまったらしかたありません。

　リスクや返済計画について、しっかりとお伝えしましょう。

　少なくとも、貸付金は減らしていきたいものです。

　決算前に見直して、もし返すことができるのなら、返しておいていただきましょう。

　借入金は、短期借入金、1年以内返済長期借入金、長期借入金、役員借入金を正しく区分しておきたいものです。

　大前提として、残高を合わせておきましょう。

　利息の分、残高がずれることも避けたいものです。

　P/Lでは、特別利益、特別損失に入れるべきものがあれば、わけておきましょう。

　なんでも雑収入、雑損失とするのは好ましくありません。

　税務上でも大事な発生主義はもちろん、

　・法人税、住民税および事業税等の未払計上

　・税込経理での消費税の未払計上

　・減価償却費の計上

　などは、忘れずにしておきたいことです。

　減価償却費は任意なのですが、ここで利益を調整してはいけません。

　融資を考慮して、減価償却費は満額計上すべきです。

　個別注記表は、税務署としては必要ないでしょうが、金融機関からは要求されることがあります。

　ご指摘いただくこともあるので、つけておきましょう。

　預金の内訳書、借入金の内訳書は、金融機関の方がよく見るところでもあるので、今一度チェックしましょう。

　その他の内訳書も、誤字脱字に気をつけたいものです。

　雑収入の内訳書は、税務署に対しても金融機関に対してもしっかりつくっておきましょう。

　ただ、金額が小さいものについては、その他で問題ありません。

　雑収入ではなく、例えば固定資産売却益、投資有価証券売却損と科目をわけておくのもおすすめです。

　そうすれば明細に書かなくてもよくなり、決算書の区分としても正しくなります。

　融資を受けているのであれば、利益を出しておいたほうがいいでしょう。

　少し工夫をするだけで利益を出せるなら、そうしておきたいものです。

　経営セーフティ共済については「倒産防止共済掛金」と資産に計上し、別表で調整する方法もあります。

融資を考慮すると、こちらのほうが好ましいです。

ただ、別表十（七）や適用額明細書を忘れないようにしましょう。

売上と経費基準をその期から見直すこともできます。

あくまで継続計上という前提で、よりよい基準があれば見直しましょう。

金融機関には、試算表を提出しています。

業績把握、打ち合わせには一切使いませんが、金融機関向けには必要です。

融資の依頼時には会社の概要、依頼資料というものをつけましょう。

どんな会社、どういう考えでどういったものを提供しているか、取引先はどういったところかを、特に一般に知られていない仕事、新しい仕事をしているなら入念に説明しましょう。

どんな事業かわからなければ、お金を貸しにくいのは当然です。

融資申込書もつけておきましょう。

・希望金額

・資金使途

・返済期間

・返答の期限

などを入れておきます。

返答の期限は、1か月ほど空けておけば問題ありません。

日本政策金融公庫　○○支店　　　御中

2024 年 7 月 6 日

株式会社タイムコンサルティング
代表取締役社長　井ノ上陽一

融資申し込みの件

時下ますますご清祥の段、お慶び申し上げます。

さて，当社で下記のとおり資金需要が発生しております。

つきましては，貴行に資金調達のご支援をいただく融資の申し込みをさせていただきたく存じます。何卒ご検討の程よろしくお願いいたします。

なお，融資の可否の連絡につきましては、2024 年 8 月 10 日までにいただければ幸いです。

1. 融資申込額 1,000 万円
2. 融資希望条件
   返済期間 5 年（元金均等払い）
   融資希望時期：2024 年 9 月
3. 資金需要発生要因および資金使途 運転資金
4. 返済財源 増加売掛金の回収
5. 添付書類
   税務申告書（3 期分）業績および事業概要 資金繰り実績および予測表

　借り入れることができるだけ借りるではなく、いくら借りたいということを明確に示しましょう。

　添付資料で、事業概要と資金繰り実績および予測表もつけましょう。

金融機関側の事情で、借りてほしいというときには借りておき、返済実績をつくっておくのもいいです。

　また、金融機関に対しては、普通に接し、萎縮する必要はありません。

　融資に関する質問、お客様を通じての質問や金融機関からの直接の質問には、できる限り真摯に対応しましょう。

　それだけが融資の可否を左右するわけではありませんが、コミュニケーションとして気をつけておきたいものです。

4 融資の攻略

　金融機関ごとにメガバンク、地方銀行、信用組合、信用金庫などがありますが、融資を受ける場合、通常、メガバンクは考えないようにしましょう。

　ただ、お客様としてはメガバンクは大きく安心で、お金をそれなりに貸してくれるイメージがあるのですが、融資に関してはそうではありません。

　それよりも地方銀行、信用組合、信用金庫、そして日本政策金融公庫がおすすめです。

　前者の場合、通常、保証協会の保証が必要となります。

　保証協会の保証を受けるには保証料がかかり、利息を含めたコストはやや高くなります。

　しかし、そういった保証があると融資を受けやすいわけで、最初は
そこから攻めていきましょう。

　市区町村や商工会議所を窓口にすると利息が補填されていること
もありますが、経営相談をしなければいけないなど、手間もかかるこ
とが多いです。

　経営者の連帯保証はないほうが好ましいのですが、もし借りやすく
なるなら、ある程度はしかたないでしょう。

　基本は信用組合または信用金庫で、会社から近いところに声をか
けてみましょう。

　「近いから」という理由も大義名分になります。

　そうでないなら、地方銀行で、その銀行とは別の都道府県にある
支店は対応が手厚くおすすめです。

　日本政策金融公庫は、保証協会の保証とは別枠となります。

　公庫でダメでも、保証協会で借りられたり、その逆もあります。

　他にも、融資を受けるタイミングとして、開業・設立時の創業融資
を検討してみましょう。

　創業融資は今後の見込みを示せばよく、実績がなくても借りること
ができます。

　最初の1期が終わってしまい、そこで大きなマイナスが出ていると
借りにくくなるでしょう。

　忘れてはいけないのは、金融機関側の事情です。

　金融機関側の目線で考えると、金融機関も存続しなければいけな

いので、利息という収入が必要なわけです。

　過度な金額交渉はしないようにしましょう。

　金融機関にとっては好ましくありません。

　もちろんこちらが融資を返せなくなり、貸倒損失となることも困りますし、こちらの財務内容によって引当金の額も変わってくるので、できる限り財務内容がいいところに貸したいわけです。

　そういった事情をわかった上で交渉するというのが大事です。

　なお、実質金利には気をつけましょう。

　銀行にお金を借りていて、預金もしているなら、ましてや定期預金を預けているのであれば実質的な金利というのは上がります。

　借入金が1億円で利息が2％で200万円払っている場合、仮に預金が5,000万円あり利息がほぼないとすると、実質的な金利は、200万円÷（1億円－5,000万円）＝4％ となります。

　ただ、だからといって預金を使おうということではなく、こういう考え方もあるので、実際はその融資はコストがより多くかかっているということもお伝えできます。

　「実質金利を知っています」ということを、金融機関に伝えて、少し牽制していただくというのも大事です。

❺ 融資のための経営分析値

融資について、次のような経営分析値をおさえておきましょう。

借入金月商倍率

　月商の何か月分の融資を受けているかの指標のことで、借入金の最終倍率で借入金が月の何か月分かわかります。

　問題があるかないか、一般的にいわれている基準は6か月です。

　必ずしもそうではないとはいえ、やはり6か月が基準です。

　借入金を多めに借りていると、この基準というのは崩れてくるものです。

債務償還年数

　何年で借入金を返せるかどうかという指標で、厳密に見ると借入金から現預金を引くのですが、借入金÷営業利益＋減価償却費で私は計算しています。

　問題があるかどうかの基準は10年といわれていますが、これも借入金月商倍率と同じで、借入金を多めに借りていると基準が崩れてきます。

　ただ数字は見るようにしましょう。

❻ 必要売上

必要売上がいくらなのかを常に意識しておく必要があります。

固定費から必要な粗利を算出し、その粗利を粗利率で割ると、必

要売上を算出することができます。

　必要売上＝（固定費（経費）＋利益）÷粗利率

　お客様に目標や予算を設定してもらいましょう。

　ただ資金的なことを考えると、固定費のうち減価償却費は資金が出ていかないので、必要売上を考えるときの固定費は減価償却費を引いたもので考えましょう。

　例えば月200万円返済があるのなら、その分売上が必要になるので、加味して考える必要があります。

　その必要売上は、融資を返済して、必要な経費を払って、文字どおり食べていくために必要な売上です。

　必要売上を意識することは、どの会社にも欠かせません。

　必要売上はどこまで売上が下がっても大丈夫かというラインでもあります。

　もちろん、悲観的な話ではあるのですが、悲観的な話は税理士がするしかありません。

　方向転換をするときにいろいろ悩みはあるものです。

　このままこの事業を続けるか、このまま人を雇っておくのか、このまま拡大していくのか、方向転換したいときに、どこまで必要売上を下げられるか検討することも大事です。

　例えば、必要売上が月100万円だとして、今150万円の売上があるとしたら、月50万円は下げられるわけです。

　下げてもやっていけるというラインを示しておくことは安心にもつながるので、示しておきましょう。

　事業の方向転換や廃業を決断しようとするとき、やはりすでに手に入っているものを手放すのは人間なかなかできないので、ここまでは売上を下げてもいいですよと伝えるわけです。

　この仕事が不満だったら、採算がとれていない事業があったら「やめてしまいましょうよ」「やめることはできませんか」といった話もできます。

7　キャッシュの比較

　比較に関していうと、キャッシュ、つまり現預金の比較が大事です。

　前年より、また前月より増えているか。

　もし1つだけ数値を見るとしたら、キャッシュでしょう。

　キャッシュが増えていればさほど問題ないのですが、減ってきたときには問題があるので、そこを切り口にお客様に話をしていくということもできます。

　これは、どのお客様でも見ています。

　キャッシュの中でも営業キャッシュ・フローという考え方があるのですが、キャッシュが増えているとしても、本業の営業で増えたのか、それとも借り入れをしたから増えたのか、見極める必要はあるでしょう。

　本業でキャッシュがプラスになっていないと、ゆくゆくは厳しくなるでしょう。

月別でも年別でも比較してキャッシュの推移を見ています。

また、移動年計でこの1年間の売上を比較する場合、例えば5月だとしたら去年の6月から今年の5月までの売上を見ていくわけです。

売上の傾向をグラフにするとわかりやすいので、季節変動があった場合も、その移動年計が増えているか減っているかというのを見れば判断できるということにはなります。

これもすべてのお客様で使っています。

予実管理は、売上を増やして業績を上げていきたいというところは必須ですが、そうでなければ必須ではありません。

第11章

年末調整等

1 この章のポイント

顧問業務には、年末調整、給与支払報告書、法定調書等の仕事も含まれます。

これらの業務に圧迫されて繁忙期にならないよう、力の入れどころを意識しましょう。

■力を入れるところ
・早めのスタート
・給与データの整備
・12月に年末調整完了
・成果物（源泉徴収票、還付、提出）
・1月中旬に給与支払報告書等完了
・償却資産申告書と会計データの整合性

■力を抜くところ
・控
・お客様への報告

2 手間がかかる年末調整から続く1月業務

年末調整から続く1月の業務（償却資産申告書、給与支払報告書、法定調書、源泉所得税納付）は、繁忙期をなくし、その後の確定申告や通常業務を乗りこえるため、力の入れどころです。

税理士業の1年の流れを考えたときにここをおさえておきましょう。

年末調整から続く1月業務の全体像は次のようなものです。

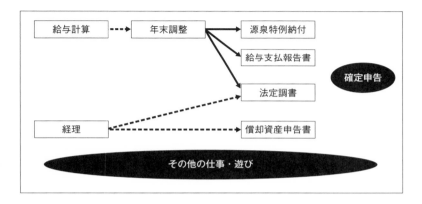

　年末調整を効率化するなら、給与計算を効率化する必要があります。
　年末調整が終わらないと、給与支払報告書、法定調書の仕事ができません。

　また、その間に源泉所得税の特例納付があります。

　これらの業務は、1月が期限です（源泉所得税は原則1月20日）。
　ただ、「1月」といっても、1月末までかかっていると、その後がつらくなります。
　1月上旬、遅くとも中旬に終えることを目指しましょう。
　そのためには、繁忙期の口火を切る年末調整を早めにスタートする必要があるのです。
　私は、毎年1月4日（確定申告書等作成コーナーが使えるようになる初日）に自分の確定申告を終え、その翌週には、1月業務をほぼ終

えています。

　その後は、通常業務、確定申告を手がけているのです。

　確定申告は2月上旬がピークであり、繁忙期はありません。

　こういった流れに乗るには、年末調整を12月に終わらせておく必要があります。

　12月に終わらせると考えると、資料回収や給与データの整備をその前に終える必要があります。

　年末調整を12月の終わりから始めると、到底これらの仕事が終わらず、1月業務に1月いっぱいかかり、2月または3月に確定申告となると、繁忙期になるのは当然です。

　3月までが繁忙期だと通常業務が犠牲になり、4月、5月……と繁忙期は延びていきます。

　もちろん、ここが稼ぎどきという考え方もあるのですが、仕事しかできない繁忙期をご自身が本当に望んでいるかどうかです（人を雇ってらっしゃる方は、ご自身だけではなく、みんなが望んでいるかどうか）。

　なおかつ、1月業務はお客様にとって、そこまで価値を感じるものではありません。

　できる限り業務を効率化して、すみやかに終えましょう。

　終えることに力を入れるということです。

　その上で、仕事の量を減らしましょう。

通常だと問題ない仕事量もこういった時期に困ることになります。

顧問先を増やせば増やすほど、1月業務の負担は増えていきます。

1月業務を減らすには、顧問先の件数を極力増やさないようにしましょう。

そうしておかないと仕事、プライベートともに好きなことができなくなります。

繁忙期で仕事に追われていると、他の税理士と差が広がっていくだけです。

逆にいえば、他の税理士が繁忙期で12月から5月まで動けないというのは、普通に考えたらチャンスなのです。

その間に新しいこともやらない、営業もしない、勉強しないという方がいたら、その6か月で大きな差がついてしまいます。

繁忙期にならないために、この時期の業務のチェックリストもつくっておきましょう。

全体の仕事量を把握し、戦略的に仕事をすすめるためです。

急がなければいけないのか、このままでいいのかという判断は常にするようにしましょう。

		A社	B社	C社
年末調整	給与ソフト	クラウド	○○給与	○○給与
	用紙配布	―		
	回収	―		
	給料集計	―		
	給料取込	―		
	年末調整チェック			
	源泉徴収簿			
	源泉徴収票			
源泉所得税	納付方法	ダイレクト	クレジット	ダイレクト
	データ集計			
	送信			
	源泉納付			
住民税	データ作成			
	送信			
法定調書	システムに入力			
	合計表作成			
	データ送信			
	合計表控			
償却資産	データ作成			
	送信			
	控			

　これらの業務で請求が発生する場合は、その請求についてお客様に事前に伝えておきましょう。

❸ 給与計算の全体像

　給与計算は、税理士業に付随してご相談いただくことも多いものです。

　ある程度の知識は身につけておきましょう。

給与計算の基本的な構造としては、

・支給→基本給の他に、時間外、休日、通勤などの諸手当

・控除→社会保険料、源泉所得税、住民税、その他

・手続き→届出、納付

といったものです。

※社会保険料は、健康保険料、介護保険料、厚生年金保険料、雇用保険料を指します。

支給	－	控除		手続き
○基本給		○社会保険料		○届出
○時間外		健康保険料		○納付
○休日		介護保険料		
○その他手当		厚生年金保険料		
○欠勤控除		雇用保険料		
○日割		○源泉所得税		
○通勤手当		○住民税		
○立替経費		○その他		

正しく計算すべきものではありますが、必要以上に力を入れすぎないようにしましょう。

できれば、給与計算ソフトを入れていただきたいところです。

次のようなことはおさえておきましょう。

・健康保険料は、74歳まで

・介護保険料は、40歳の誕生日の前日が属する月から64歳まで

・厚生年金は、原則として70歳まで

・雇用保険は基本的に役員のみ

・労働保険料（雇用保険＋労災保険）は、6月に申請、支払い（分割もあります）
・健康保険料、介護保険料、厚生年金は社会保険料率表により計算（都道府県別）。

　3月分から変わる可能性、9月分から変わる可能性がある。

　原則として例年7月に4,5,6月の給料・通勤手当等をもとに申請。賞与時に申請（給料の大きな変更があった場合にも申請。4か月後から変更）
・月末に在籍していたら、その次の月の分は社会保険料がかかる
・源泉所得税の納付は、支払った月の翌月10日（特例として届け出れば常時10人未満なら年2回）
・住民税の納付は、支払った月の翌月10日（特例として届け出れば9人以下なら年2回）

　社会保険料のうち、健康保険料、介護保険料、厚生年金の支払期限は翌月の末日とされています。

　これらの保険料は原則として翌月の給与の支払い時に控除し会社が負担する分と合わせて納付します。

　例えば、9月分の社会保険料は10月支払いの給与から控除され10月末日までに納付するのです。

　保険料を翌月に徴収するので「翌月徴収」といい、こちらが原則で、「当月徴収」の場合もあります。

　原則と特例のうち、お客様がどちらかを把握しておきましょう。

　給与計算ソフトでは、原則にしか対応していないものもあります。

●給与

		対象	計算対象	計算方法	変動	納付	手続き	手続き（随時）
社会保険料	健康保険	～74歳	4、5、6月給与等＋通勤手当	×率（表）	3月分（率）9月分（月額）随時	翌月末	～7/10算定基礎届	入社退社随時改定（2段階）
社会保険料	介護保険	40歳～64歳	4、5、6月給与等＋通勤手当	×率（表）		翌月末	～7/10算定基礎届	入社退社随時改定（2段階）
社会保険料	厚生年金	～70歳			9月分（月額）	翌月末	～7/10算定基礎届	入社退社随時改定（2段階）
社会保険料	雇用保険	加入者	給与等＋通勤手当	×率	4月（雇用）	7/10、10/31、1/31	6/1-7/10年度更新	入社退社
税金	源泉所得税	全員	社会保険料控除後	扶養・表	毎月	10日（7/10、1/20）	納期の特例	退社
税金	住民税	全員	前年給与	通知額	6月、7月	10日（6/10、12/10）	納期の特例給与支払報告書	入社退社

●賞与

		対象	計算対象	計算方法	納付	手続き
社会保険料	健康保険	～74歳	賞与（1,000円未満切捨）	×率	翌月末	賞与支払届
社会保険料	介護保険	40歳～64歳	賞与（1,000円未満切捨）	×率	翌月末	賞与支払届
社会保険料	厚生年金	～70歳	賞与（1,000円未満切捨）	×率	翌月末	賞与支払届
社会保険料	雇用保険	加入者	給与等＋通勤手当	×率	7/10、10/31、1/31	年度更新6/1-7/30
税金	源泉所得税	全員	前月給与	扶養・表	10日（7/10、1/20）	納期の特例
税金	住民税	なし				

税理士として、社会保険の届出代行はできません。

給与計算代行は、できないことはないのですが、給与明細を直接従業員へ送ることはしない、振込処理はしないといった基準を設けておきましょう。

加えて税理士としては、外注か給料かという大きな問題があります。

外注費で払っていても毎日会社に通っていて、会社の指示で動いているというのであれば、給与としてみなされるでしょう。

その場合、源泉所得税の追徴対象となるだけでなく、消費税が原則課税であれば、消費税の追徴対象にもなるので、損失が大きくなります。

丁寧にチェックしましょう。

4 給与計算の効率化

税理士として、会計ソフトと連動する給与計算ソフトをお客様にすすめることもできます。

これらの給与計算ソフトまたはExcelを使って効率化しましょう。

明細をネットで確認できる、年末調整がお互い楽になるというメリットがあります。

給与計算の効率化を図るには、締め日と支給日の間隔をできる限り空けるというのもおすすめです。

近すぎると、通常時はもちろん、祝日があるときに困ります。

　また、経理処理的には、当月の任意の日に締めて翌月に払うと、経理や源泉所得税の支払い、年末調整がやや非効率になります。

　可能であれば、当月締め当月払いにしたいものです。

　経費精算を給与の支払いと一緒にすると、支払いのタイミングをまとめることができます。

　この場合も経費については早めに締めるのがおすすめです。

　もし必要であれば、仮払金制度も導入しましょう。

　給与の仕訳を入れるのは手間です。

　連動するソフトを使うか、Excelでつくって会計ソフトに取り込む、会計ソフトでコピーする・テンプレートに入れるなど工夫しましょう。

　天引きする社会保険料は「法定福利費」にして、「預り金」「未払金」残高を合わせる手間をなくしましょう。

　厳密に言うと、雇用保険料は会社が立て替えているので、立替処理です。

　法定福利費は、社会保険料の引き落とし日が土日祝日なら未払計上しておきましょう。

　金額が大きく損益に影響があるからです。

　賞与を払ったときにも当月に未払計上しておきましょう。

【5】給与関連手続きの効率化

　源泉所得税に関しては、常時10人未満で納期の特例の手続きができるなら確実にやっておきたいものです（毎月納めたいという要望がある場合を除く）。

　届出書関係は、e-Taxソフト（ダウンロード版）のみの対応です。
Windowsでしか使えないというデメリットはあります。

　納付は、ブラウザで使えるe-TaxのWeb版があります。

　納付書に手書きして、お客様に渡す、郵送するということはやめましょう。

　ご要望に応じて、次のような納付方法があります。

・ATMで払いたい→こちらでe-Taxで送信し、口座番号を伝える
・クレジットカードで払いたい→お客様にe-Taxで送信していただき、カード決済
・ネットバンクから振り込みたい→こちらでe-Taxで送信し、口座番号を伝えるまたは、お客様にe-Taxで送信していただき、振り込み
・口座引き落としにしたい→ダイレクト納付の手続きをし、こちらまたはお客様がe-Taxで送信し、手続き

　ネットバンク、ダイレクト納付は、源泉所得税の納付額が0円の手続きをする場合も便利です。

　納期の特例制度とは、給与等の支払いを受ける従業員が常時9人以

下である場合、所定の手続きにより、毎月納入することになっている特別徴収税額を12月と翌年6月の年2回に納入することができるというものです。

　ただし、この手続きは、データではなくそれぞれの役所に直接紙を提出する必要があります。

　この用紙も取り寄せる必要がある場合が多いです。

　手続きをしておけば、住民税を年2回の支払いにできます。

　住民税もクレジットカード、ネットバンク納付ができ、ダイレクト納付も事前に手続きすれば可能です。

　社会保険に関して、算定基礎届は、GビズIDを取ってネット上でもできます。

　GビズIDとは、法人・個人事業主向けの共通認証システムで、これを取得すると、1つのID・パスワードで、複数の行政サービスにログインできるというものです。

　ただし、このGビズIDは、印鑑証明書が必要であり、手続きに時間がかかるので早めに準備しましょう。

　納付に関しては、
　・納付書が届く→ネットバンクを使ってPay-easy（ペイジー）で払う
　・口座引き落とし
　ができます。

　通常は、口座引き落としがおすすめです。
　ただ、ネット専業銀行では引き落としができないこともあります。

支払いの効率化まで目を配りましょう。

毎月、毎年の仕事ですから、効率化の効果は大きいものです。

［6］ 年末調整の効率化

年末調整のために給料、賞与のデータ整備をしておきましょう。

お客様からExcelデータでいただく、給与計算ソフトを入れていただく、早めに入力するという方法があります。

給料のデータがない場合は、資料を早めに受け取り、例えば10月までにExcelや給与計算ソフトに入れておきましょう。

Excelデータなら、年末調整ソフトにインポートできる可能性があります。

効率化には年末調整ソフトに連動できる給与計算ソフトを導入するのが一番です。

それなりのコストはかかりますが、こちらで負担してでも入れていただく価値はあります。

その際は、クラウドの給与計算ソフトがおすすめです。

クラウドの給与計算ソフトを使うと、クラウドで年末調整ができ

・資料の配布

・資料のやり取り

・資料の返却

といった業務が減ります。

従業員の方々には、パソコンやスマホから年末調整の情報を入れ

ていただくことができるのでお互いに楽です。

　ただ、導入はかんたんではありません。

　従業員の方々のメールアドレス、マニュアル、打ち合わせ、テストも必要です。

　本気で導入するなら9月、10月から準備しておきましょう。

　最初の年は大変ですが、その後は効率化できます。

　ここは力を入れておいて損はありません。

　年末調整時の源泉徴収票はもちろん、給与明細をネット上で確認できるというメリットもあります。

　チェックするときは、前年のデータと比較します。

　去年はあったものが今年にない、去年になくて今年はあるというものをチェックするのです。

　還付はなんとしても、年内にしておきましょう。

　給料の支給日が12月25日なら、そのときに返すのです。

　1月還付にすると、年末調整の仕事がそこまで延びてしまいます。

　年内に返したほうがお客様も喜ぶはずなのです。

　きっちり年内に終えましょう。

　12月に年末調整が全員分間に合わないときは、その方だけ1月に調整します。

　すべての方、すべての項目がそろわなくてもいいという点を強調しておきましょう。

　従来の方法（こちらで入力）なら、年末調整の資料を回収する目

安は11月末です。

　追加資料があれば、スキャン（写真）ですぐに送っていただくようにしています。

　そして表記は統一しておいたほうが管理がしやすくなります。

　私の場合、何丁目何番といった表記でなく丁目や番地をハイフンでつなぐやり方で統一しています。

　税額に関係ないとしても住所・氏名等のチェックは入念にしましょう。

　こういったミスは目立つからです。

　お預かりした資料の返却は年内にすぐにするようにしています。

　これも1月に持ちこすと、それ以降の業務に支障があるからです。

7　1月業務の効率化

給与支払報告書

　給与支払報告書は、システムを入れるのがおすすめです。

　基本は、給与ソフトと連動するもの。

　そうでない場合はeLTAXを使えば無料でつくれます。

　給与支払報告書と法定調書が同時に出せるというしくみです。

　多少の手間はかかりますが、私は一部のお客様で使っています。

　年末調整後、1月の第2週には送ってしまいましょう。

法定調書

　法定調書の金額は、会計ソフトから集計するようにしておきましょう。

　法定調書を支払いを受ける本人に送信することは、基本的にしていません。

　本人へ法定調書を送る法的義務はないからです。

　ただ、これまでの慣習で送っていただいているケースはありますので、必要な場合はお客様に送付していただいております。

　法定調書合計表の控には、気をつけましょう。

　ビザの申請に使うケースもあるからです。

　該当する場合は、お客様と共有しておきましょう。

　法定調書については、1月の第2週には終えたいものです。

　ギリギリになってアクセスが集中し、e-TaxやeLTAX、クラウド会計ソフトなどにトラブルが発生したこともありました。

　そんなトラブルに巻き込まれないようにしましょう。

償却資産申告書

　償却資産申告書の作成にもシステムを使っています。

　期中から会計ソフトのデータを整備しておきましょう。

　残高を会計ソフトと償却資産申告書とで合わせることが大前提です。

　もし合っていない場合は確認して合わせておきましょう。

少額償却資産（10万円超30万円未満）に該当するもので、経費に落としたものも償却資産税の対象です。

　チェックしておきましょう。

　一括償却資産（20万円超30万円未満）は対象外です。

　償却資産申告書は、12月までのデータを確認する必要がありますので、早めにお客様へ確認しましょう。

　1月の第3週には終え、確定申告の仕事に移りたいものです。

第 **12** 章

所得税

1　この章のポイント

所得税の確定申告はスタートに力を入れたいところです。

■力を入れるところ
・スタート
・チェック
・前年比較
・節税
・値付け

■力を抜くところ
・報告
・資料づくり
・資料の預かり、返却
・控

2　所得税と法人税の業務の違い

　所得税の業務は、法人税をもとにした法人の業務と違いがあります。

　最も大きな違いは、業務の時期が集中してしまうことです。
　すべての個人のお客様の納期が3月15日となるのでスケジューリングに気をつけなければいけません。

12月、1月から手がけるようにしましょう。

　お客様に前年に声をかけても問題ありません。
　2月16日から3月15日が確定申告という常識、思い込みもあります
ので、早くてもいいということを、お客様にきちんと伝えることが大
事です。
　私の場合は、お客様側に年内にご予約いただいて、年明けにご連
絡いただきたいということを事前にお伝えしています。

　遅くとも1月には声をかけるようにしましょう。
　「○日までに資料をお願いできますか」ではなくて「打ち合わせ、
いつにしましょうか、○○日はいかがですか？」と連絡します。
　打ち合わせの日が決まると、そこまでにお客様は準備してくださる
ものです。

　2月16日より前でも確定申告書の提出はできますので、全体の仕事
量を確認し、早く終えることができそうなお客様をピックアップして、
スタートしましょう。
　確定申告は、12月から3月15日までにするものと考えて、分散して
いきましょう。

　譲渡所得の仕事があるとわかっていれば、年内にある程度終えて
おきたいものです。
　時間がかかる可能性もありますので、より早めにとりかかりましょ
う。

贈与税も同様です。

この時期も法人やその他の仕事はあります。
個人の仕事を身動きできないくらいに増やしすぎないようにしましょう。

個人の確定申告は仕事を受けやすいので営業の力も入れやすくなります。
その分、法人の営業が手薄になってしまわないように気をつけましょう。
1月から3月も法人のお客様はいらっしゃるわけで、そこで法人のお客様の満足度を下げてしまうと、それを理由に顧問契約解除の可能性もあり、結果として全体の売上が下がるということもあり得なくはないのです。

法人のお客様からは、「税理士は1月から3月は確定申告で忙しいからしょうがないね」と思っていただけている部分もあるものですが、そこに甘んじるかどうか。
仮に法人の経営者だとして税理士に頼んでいてそういうことをされたら、どう思うでしょうか。

この時期に余力があると新規開拓のチャンスも増えます。
法人のお客様の新規契約もあり得ますし、12月決算という企業も多いものです。
そういう時期に予定が空いていれば重宝されます。

　確定申告の時期に1年間のレシートを受け取って入力するということは避けたいものです。

　仮にそういった仕事があるなら、夏の時期に半分を受け取るといったことも考えましょう。

　資料の預かりと返却には手間がかかるので、極力してはいけません。

　データで入力していただく、データでいただくようにするのです。

　証明書もスキャンや写真でひとまず送っていただきましょう。

　私は、基本的に仕事でLINEは使いませんが、個人のお客様であれば、LINEで送っていただくのもひとつの方法でしょう。

　お客様にとってもハードルが下がります。

　ふるさと納税、医療費も基本的にデータで受け取ることを試みましょう。

　もし資料のやり取りをするのなら、レターパックを使い、やり取りを短縮できるようなしくみをつくりましょう。

　値付けも工夫したいものです。

　個人だから安くしてしまうと、仕事量が増えてしまいます。

　他の仕事ができず、メールの返信もできず、疲れ果ててしまうと、他のお客様に迷惑がかかるわけです。

　かかえこみすぎないというのも大事です。

【3】入力の効率化

　入力に関しては、先に入力できるものは先に受け取り、時期を分散して入力しておきましょう。

　Excelに入力して、RPAで転記する方法もあります。

　私は、申告をe-Taxで行うことを大前提にしています。

　e-Taxで申告し、受信通知と一緒にしておけば、控をPDFにすることができます。

　控をまとめる（確定申告書、青色申告決算書等）には、PDF編集ソフトが必要です。

　PDF編集ソフトは、Adobe Acrobatをおすすめします。

　所得税に限らず法人税や相続税でも使えます（無料ならCubePDF Pageがおすすめです）。

【4】報告・納税の効率化

　所得税の確定申告の場合、医療費、ふるさと納税等だけであれば、報告については、その控をお見せするのではなく、結果だけをお伝えしています。

　還付の場合、いくら返ってきますということだけです。

　ただし、その金額が大幅に増えていたり減っていたりした場合には説明が必要です。

　例えば、医療費が多かった・少なかった、収入が増えた・減った

ということは確定申告控を返すだけでは伝わりませんので、解説しましょう。

　前年との比較表をExcelでつくっています。

　Excelでつくっておけばチェックにも資料にも使えます。

　納税に関しては、クレジットカード納税、Pay-easy（ペイジー）での納税をお願いしています。

　振替納税は引き落とし日が遅いというデメリットがあります。

　引き落とされるまで、何となくこちらも落ち着きません。

　確認のメールをするのもお互い手間です。

　口座残高の確認もしなければいけません。

　それならさっと払ったほうがいいでしょう。

　そもそも前年の税金ですので、確定申告が終わったら払っておきたいものです。

　もちろん、お客様の意向もうかがっております。

5　所得税の確定申告書作成

　所得税の確定申告には、税務ソフトではなく、国税庁の確定申告書等作成コーナーを使っています。

　税務ソフトよりも使い勝手がいいからです。

　税務ソフトは更新が遅く、確定申告の提出ができるのが1月下旬く

らいになってしまいます。

　その点確定申告書等作成コーナーを使うと、初日（例年1月4日）から確定申告ができるのです。

　・1月4日から確定申告をスタート

　・1月下旬から確定申告をスタート

　では3週間の差があります。

　この差が大きいため、私は確定申告書等作成コーナーを使っているのです。

　繁忙期をなくす秘訣の1つです。

　1月の早いうちに申告できるものはしておきましょう。

　譲渡所得、医療費、ふるさと納税等、そしてご自身の確定申告はできるはずです。

　そのためには、前述のとおり年末調整を12月に終えることが必須です。

　スケジューリングはきちんとしておきましょう。

　なお、私は自分の確定申告は、テストも兼ねて初日（1月4日）に終えております。

　すなわち、この日までに経理を終えているのです。

　もし、お客様に日々の経理をすすめたいと思っていらっしゃるなら、まずはご自身の経理を日々すすめ、確定申告を早く終わらせることができるくらいの状態にしておきましょう。

自分がまずできていなければ説得力がありません。

6 確定申告のチェックの効率化

税務ソフト（確定申告書等作成コーナー）とは別に、Excelで所得税（給与、医療費、ふるさと納税、不動産所得など）や贈与税の計算のしくみをつくり、そこで検算するようにしています。

自分の知識の確認にもなり、さらにはすばやくチェックできるからです。

前年の数字がある場合は、前年と比較することでチェックでき、前年と大きく違うところはすぐにわかります。

そして、それがお客様への資料にもなるわけです。

払う（または還付される）税金が増えた、減っただけではなく、なぜ増えたか、なぜ減ったかも伝えましょう。

事業所得、不動産所得の場合は、決算書の比較表もつくっておきたいものです。

これもミスのチェックとともにお客様への資料になります。

法人税と同様に、経費の基準をつくっておきましょう。

税理士側で経費を除外するのはおすすめしません。

不信感にもつながるものです。

根本からルール付けしないと、お客様は毎回その経費を入れてしまいます。

一見非効率であっても、経費の基準は丁寧につくってお客様と共有していきましょう。

　医療費については、内容をチェックしておきましょう。
　明細は極力データでいただくようにしておきたいものです。
　保険金を差し引く場合は金額の影響が大きいので気をつけましょう。
　「医療費のおしらせ」は使っていません。
　到着するのが遅く、不完全だからです。

　ふるさと納税についてもデータをいただくようにしています。
　XmlデータまたはExcelデータをもらっておきましょう。
　ブラウザからExcelに貼り付けたもので十分です。

　不動産所得は、新規契約、新規物件取得のときは、気をつけましょう。
　新規物件だと不動産購入時の経理、そして、減価償却の計算に時間がかかる可能性があります。
　中古なら土地と建物の按分になおさら時間がかかる可能性もあるでしょう。

　住宅ローン控除については、初年度に手間がかかるので気をつけましょう。
　また、気をつけなければいけないのは、この税務署のあの申告書をなくしたというときで、その場合は再発行していただきましょう。

　また、国民健康保険料を払っている方は証明書がないことが多いので、その金額を確認するのに時間がかかることもあるので注意しましょう。

　小規模企業共済やiDeco（個人型確定拠出年金）への加入のスタンスは、あらかじめ決めてお客様に伝えておきましょう。
　同じだけの経費をつくるのは大変であるため、これらの加入をすすめるという考え方もあります。

　また個人の節税に関して、法人成りは常に視野に入れておきましょう。

第 **13** 章

法人決算

1 この章のポイント

法人の決算でも力を抜くところはあります。

その分、しかるべきところに力を入れていきましょう。

■力を入れるところ

・大きなミスをしない

・インボイスへの対応

・消費税の判断

・消費税のチェック

・金融機関、税務署向けの決算書

・決算予測、納税予測

・Excelでの試算

・チェックリストでのチェック

・最終チェック

・概況書

■力を抜くところ

・お客様への報告

・最終成果物の解説

・総勘定元帳、控の作成

2 消費税の課税区分のチェック

決算ではまず消費税を固めましょう。

消費税が確定した後、

税抜経理だと、租税公課／未払消費税等

税込経理だと、仮受消費税／仮払消費税

　　　　　　　　　　　　未払消費税等

　　　　　　　　　　　雑収入

と、利益が変わる可能性があるからです。

消費税で怖いのは、課税かどうかの判定です。

国内で事業として対価のある資産の譲渡等が対象となります。

　土地の譲渡等、住宅の貸付け、保険、輸出入、海外航空券、損害賠償、助成金などに気をつけましょう。

　判定を間違えると、それで税額が変わってしまうというのも怖いところでしょう。

　法人税、所得税なら、間違えたとしても、その金額×税率なので、影響額が少ない場合もありますが、消費税の場合、1つ間違えれば税額が変わります。

　・Google AdSense、YouTubeの広告収入は対象外

　・Kindle出版（電子書籍）のロイヤリティは免税

これらには気をつけましょう。

売上の消費税は、納税義務を判定する際にも影響があります。

　固定資産を売却したときには、その売却価額に消費税がかかります。

会計ソフトの入力に気をつけましょう。

簡易課税であれば売却に関わる消費税の業種区分は第四種にしなければいけない点にも注意です。

経費（仕入税額控除）については、次のような点に気をつけましょう。
　・祝い金、香典など
　・ITサービス、ソフト（サブスクリプション）→支払先が海外であることも
　・海外への支払い

さらに、インボイス制度上のチェックも必要です。
原則課税であれば、インボイスの登録番号をどこまでチェックするかどうかです。
請求書で確認して登録番号があればいいのですが、ない場合に連絡するかどうかや登録番号を公表サイトで確認するのかどうかのさじ加減は決めておきましょう。
また、前年はインボイス制度に登録していても、今年になって登録をやめ、かつ連絡がない場合もあります。
それをどこまでチェックするかについてもあらかじめ基準を定めておくべきでしょう。

① インボイス制度に登録で番号の記載あり
② インボイス制度に登録で番号の記載なし
③ インボイス制度に未登録で番号の記載あり
④ インボイス制度に未登録で番号の記載なし

　といったパターンがあります。

　「① インボイス制度に登録で番号の記載あり」は問題ありません。
　「② インボイス制度に登録で番号の記載なし」は問い合わせる必要
があります。
　「③ インボイス制度に未登録で番号の記載あり」は、虚偽の番号と
いう可能性は少ないでしょうが、登録をやめている可能性もあり、油
断できません。
　「④ インボイス制度に未登録で番号の記載なし」は、番号の記載
がないことでインボイス制度に未登録と判断してもいいかどうか。
　金額の大きさによっては、問い合わせる必要も出てくるでしょう。

　原則課税の場合、インボイス免除（3万円未満の自動サービス等、
1万円未満）などのチェックも欠かせません。

　会計ソフトにはこれらを自動的にチェックできる機能もあります
が、自分自身でもある程度のチェックは必要となります。
　ただ、どこまでそれをするかです。

　いずれにしても、第6章でも述べたとおり消費税の申告にはこれま
で以上の時間がかかります。
　より効率化し、仕事量をおさえて効率化していきましょう。

　税額の影響がある課税区分のチェックは、決算時にも今一度やっ
ておきましょう。

私は、Excelに仕訳データを出力し、ピボットテーブルで集計して、チェックしています。

　そのとき、軽減税率やインボイス後の原則課税の場合の仕入税額控除をどこまでチェックするかどうかです。
　課税と対象外を間違えると、消費税10%分を間違える可能性があります。
　一方、軽減税率やインボイス後の仕入税額控除（80%控除）を間違えると、差額は2%です。
　この2%が必ずしも少額とは限りませんが、ここにとらわれて、より大きな税額の間違いを見落とさないようにしましょう。

　大きな金額を間違えないように、私は次のような工夫をしています。
　・雑収入は「対象外」（給付金等で課税になってしまう可能性もあるからです）
　・行政手数料は、「租税公課」
　・対象外の会費は、「諸会費」、消費税課税の会費は「支払手数料」
　・食品が多いケースは、科目をわける→「交際費（軽減）」→決算書では「交際費」にまとめる
　・交際費で「対象外」のものは、補助科目でわける
　・売上で、免税、対象外が多いなら、補助科目または科目でわける

　このように、科目でチェックできるようにしておきましょう。

消費税は滞納が多い税金です。

赤字でも消費税を納めなければいけないケースもあるからでしょう。

消費税率が10%になり、負担感も大きくなりました。

インボイス制度になり、初めて消費税を納める方も増えています。

早めに納税額を伝えることが欠かせません。

また、中間納税の負担が重いこともあります。

私はこの中間納税については、原則として前年度納税実績のものを払っていただいていますが、業績が大きく下がった場合には、仮決算で金額を計算することも考えましょう。

納める消費税を減らすということはなかなか難しいものです。

・原則課税、簡易課税の選択を適正に行う

・インボイス制度の2割特例を選べるなら確実に選ぶ

ということが欠かせません。

③　消費税申告のチェック

本来免税事業者の場合、消費税での申告では、2割特例との有利選択を毎回する必要があります（2割特例が使えるかどうかの確認も必要です）。

2割特例でいいと思いきや、原則課税のほうが有利な場合もあるからです。

原則課税だと還付を受けることができたのに2割特例で払ってしまったということがないようにしましょう。

　簡易課税も同様です。

　2割特例を受けるかについては、確定申告のときに選ぶことができます。

　そのときに改めて検証しないといけないということが効率化を進める上でネックとなります。

　原則課税と2割特例を比べる場合には、原則課税のクオリティで会計データを入力しておかなければいけないということです。

　原則課税であり、軽減税率対象の取引があると、消費税申告のボリュームは増えます。

　まずは申告時期の仕事量を把握しましょう。

　最終的な（消費税）申告時のチェックポイントは次のようなものです。

- ・基準期間の売上高の確認
- ・2割特例の対象か、対象なら原則課税と簡易課税との有利判定
- ・消費税の課税・対象外の判定（＋軽減税率）
- ・これまで免税事業者で、インボイス制度に登録し課税事業者となった場合、棚卸資産の調整に注意

④ 決算・申告業務とチェックポイント

　決算・申告では、書類をつくることよりも、大きなミスをしないことに力を入れています。

　もちろん、小さなミスがないことも目指しますが、そこにこだわりすぎないということです。

　大きなミスには、
　・消費税の納税義務
　・消費税の課税区分
　・税額控除
　・売上のずれ、もれ
　・資産にすべきものが経費に
　・経費の二重計上
　・提出もれ
　・納税もれ
　といったものがあります。

　これらを自分なりにチェックしておきましょう。
　私は、Excelでの試算とチェックリストをつかったチェックをしています。

　例えば、次のようなチェックリストです。
　基本的には、ミスをすると税額に影響があるところを中心にチェックしています。

ご自身がミスしやすいところ、ミスしそうになったところ、お客様個別のチェックポイントをたして、よりもれのないチェックリストをつくりましょう。

■新規契約の場合
　前年申告書繰越金額の確認（別表五（一）、別表五（二）、別表七等）

■新規設立の場合
　月割りの確認　交際費　均等割

■移転があった場合
　均等割の月割りの確認（1月未満は切捨て）
　膳本で移転日を確認

■資本金の変更があった場合
　申告書　別表二
　申告書　別表五（一）

■固定資産がある場合
　減価償却費の計上
　B/S資産と固定資産台帳が一致しているか

■売掛金等の債権がある場合
　貸倒引当金の計上

■社会保険加入の場合

　月々の社会保険会社負担分

　社会保険料会社負担分を未払計上したか

■決算賞与支給の場合

　決算賞与分の社会保険料会社負担分を未払計上したか

■消費税の納税義務がある場合

　消費税区分のExcelピボットテーブルでのチェック

　決算書からの検算

■消費税が前期免税、当期課税の場合

　期首棚卸資産の調整　免税→課税

■試験研究費がある場合

　試験研究費の特別控除

■経営セーフティ共済に加入している場合

　別表四　減算

　別表五（一）

　別表十（七）

　適用額明細書

■生命保険に加入している場合

　契約書確認

経費算入確認

■別表五（一）に前期残高がある場合
　別表五（一）　減算

■貸倒引当金がある場合
　貸倒引当金　別表十一
　当期繰入額
　B/S各勘定科目（裏書は注記）別表十一

■機械、備品、ソフトウェアを取得した場合
　機械160万、ソフトウェア70万、工具120万以上かどうか。
　特別控除をチェックしたか

■共通
　科目のExcelピボットテーブルでのチェック
　勘定科目残高内訳書　各種残高チェック
　前払費用（長期前払費用）の残高
　延滞金・罰金等がないか
　消耗品費に10万円超のものはないか→少額明細
　消耗品費に30万円超のものはないか
　税額をExcelの試算とチェック
　未払法人税等の金額と申告書をチェック
　税率のチェック　法人税　都道府県民税　事業税　法人地方特別
税

当期純利益と別表四が一致しているか

株主

繰越利益剰余金と別表五（一）繰越損益金が一致しているか

法人税、住民税および事業税と別表五（二）損金経理による納付の合計が一致しているか

未払法人税等と別表五（二）納税充当金が一致しているか

法人税、住民税および事業税（罰金等）別表四

接待交際費と別表十五

摘要額明細書チェック　経営セーフティ共済　法人税　少額　特別控除

■最終

普通の目によるチェック

■法人税

提出

納税処理

■地方法人税

納税処理

■地方税（東京23区）

提出

納税処理

■地方税（東京23区以外）
　提出（都道府県民税）
　提出（市町村民税）
　納税処理（都道府県民税）
　納税処理（市町村民税）

■消費税がある場合
　提出
　納税処理

■その他
　別途送付書類の送付
　バックアップ

　決算・申告の流れはおおむね次のとおりです。
　会計データをチェック
　↓
　勘定科目残高内訳書の作成
　消費税がある場合は、申告書に入力後、未払計上
　↓
　会計データへ反映
　未払法人税等（Excelで試算）を入力
　↓
　法人税等の申告書に入力
　↓

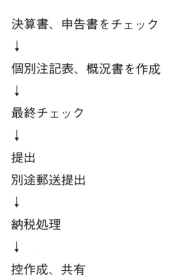

決算書、申告書をチェック

↓

個別注記表、概況書を作成

↓

最終チェック

↓

提出

別途郵送提出

↓

納税処理

↓

控作成、共有

　後々で二度手間にならないよう、先に会計ソフトの確定や消費税の計算をしています。

　最終チェックでは数字のチェックはせず、誤字脱字等を見つけるためにPDFを眺めるだけです。

　決算書・申告書チェックは、プリントアウトせず、ディスプレイ上でチェックしています。

　iPhoneのチェックリスト（Google keep）にチェックしながら、パソコンにつないだ液晶ペンタブレットのペンで決算書・申告書のPDFをチェックします。

　紙でチェックしないと間違えるというのは、慣れの問題です。

決算書は、融資や税務調査に関わります。

わかりやすく、かつ見栄えがするように、力を入れてつくりましょう。

郵送には、Webゆうびんを利用しています。

使っている税務ソフトでは、電子申告で決算書を送ろうとすると余計に手間がかかるからです。

キャッシュ・フロー計算書は、金融機関から借り入れがあり、規模がそれなりにある場合は金融機関向けにつくっていますが、お客様向けには使っていません。

財務三表といわれてはいますが、お客様にとってはわかりにくいものだからです。

資金繰り表・資金繰り予測表は大事なものなので規模に関係なくお客様向けにつくっています（説明に使うのは表をそのままではなくグラフだけですが）。

概況書は丁寧につくりましょう。

税務署の方が、よくご覧になっているからです。

「当期の営業成績の概要」も必ず入れています。

5 決算報告

決算のお客様への報告は、特段特別なことはしていません。

月次や決算前の打ち合わせで、おおむねお伝えしているからです。

　どちらにせよ、前期の決算はほぼ2か月前の話であり、新しい事業年度は始まっています。

　その先の話のほうが大事です。

　決算特有の打ち合わせとして
　・役員報酬をいくらにするかを決めること
　・融資を受けていれば、金融機関への報告についての打ち合わせ
　はしています。

　10期の推移をExcelでつくり、今までの最高売上なのか、今までで2番目の売上で、最高売上はいつだった、利益が一番出たときはいつだったか、キャッシュがどのぐらいあったのがいつだったから、借入金がどのくらい減ってきているかなどといったことを話題にしています。

　最終の成果物（申告書）をじっくりお見せすることもありません。
　別表を解説することが必要かどうか。
　私は必要ないと思っています。

　納税は、お客様に納税額をお伝えして、ダイレクト納付かクレジットカード納付をしていただいています。
　納付書を渡すということはしていません。

　ダイレクト納付だと、こちらで手続きしてお客様のほうで引き落としができたかどうかをこちらで確認できるので、お互いの手間はなく

なります。

このダイレクト納付の導入は力の入れどころです。

元帳もお客様には必要ないものです。
ファイリング、インデックスをつけるといったことに、力を入れないようにしましょう。
決算書・申告書の控も必要最低限にしたいものです。
分厚いファイルが必要かどうか、PDFで共有することはできないか考えてみましょう。

６　翌事業年度に向けての準備

決算申告と並行して翌事業年度の準備もしておきたいものです。
会計データを繰り越したときに、その年度の消費税の計算方法に合わせて、消費税の設定をしておきましょう。

インボイス制度に登録していても基準期間の課税売上高のチェックは必要です。
2割特例の判定に使います。
少し先の話になりますが、消費税インボイス制度の2026年、2029年の経過措置にも注意しなければいけません。
会計ソフト、税務ソフトに頼らず自らが管理することが大事です。

会計ソフトによっては、繰越のときに電子帳簿保存法のチェックを

する必要もあります。

　優良帳簿を作成すれば税務上の優遇措置を受けられるので、会計ソフト側で対応しているのであればやっておきましょう。

　損はありません。

　なお、私は電子帳簿保存法については、
　・帳簿の保存→優良帳簿も含めて積極的に実施
　・スキャナ保存→手間やリスクが大きいので、実施しない
　・電子取引→データをデータのまま保存することは、効率的であるため、積極的に実施
　というスタンスです。

　ご自身のスタンスを決め、お客様へ伝えておきましょう。

　翌事業年度に向けては、役員報酬の設定もしなければいけません。
　前年ベースで、事業計画をつくって検討しましょう。
　これは、決算予測や資金繰り予測と同様にExcelでつくり、お客様と打ち合わせしながら決めていきます。

　役員報酬の最適額、また目先の損得という話もありますが、あくまで結果論です。
　お客様が「増やしたい」のであれば、増やしておくのも1つの考えではあります。
　理屈ではない部分もありますので、お客様との会話に力を入れましょう。

役員報酬のことに限らず、次の1年の利益、資金繰りの見通しを立てておきたいものです。

第**14**章

税務調査

1 この章のポイント

税務調査で力を入れたいところは、

- ・税務調査前
- ・税務調査時
- ・税務調査後

それぞれにあります。

■力を入れるところ

- ・準備
- ・日頃の経理
- ・事前打ち合わせ、料金説明
- ・税務調査後の報告
- ・交渉

■力を抜くところ

- ・当日の立ち会い
- ・修正申告

2 税務調査前にできること

税務調査は、できれば入ってほしくないものです。

報酬はあるとはいえ、時間をそれなりに使いますし、お客様も落ち着きません。

かといって拒否はできないものです。

多少なりとも税務調査に入りにくくすることはできると思っています。

税務申告書のつくり方で多少は工夫してみましょう。

ただ、
・一度も税務調査が入っていない
・地域や業種によって入る
・利益が大きく増加した
などといった理由はどうしようもありません。

入りにくくするといっても、あくまである程度です。

前提として内訳書、概況書は空欄がないようにきちんとつくるようにしています。

税務署に提出する書類で不明瞭な点があれば、調査の可能性も高まります。

もし特殊事項があれば、概況書に「当期の営業成績の概要」を入れておきましょう。
・売上が大きく増減した、臨時の売上があった
・利益率が大きく増減した
・経費が大きく増減した、臨時の経費があった
・新規事業、移転等の特殊事情があった
・経理の基準を変更した
などといったことがあれば、補足しておきたいものです。

別途書類をつくってもいいのですが、見ていただけるとは限りません。

書面添付制度を使う手もあります。

　書面添付制度を導入するかどうかは、お客様の経営規模にもよりますし、お客様との関係性にもよります。

　税務調査が省略されるかどうかは確実ではありませんし、毎回の書面添付、意見聴取の手間もあり、値付けも問題になります。

　もし導入するなら中途半端なことはできません。

　慎重になりましょう。

　また、税務調査前にできることとして、税務調査があっても大丈夫なようにしておけば、大きなダメージを防ぐことができます。

　重点的にチェックしたいのは、

　・売上、仕入

　・役員賞与になり得るもの

　・外注費

　・海外関係

　です。

　売上、仕入（外注費も含む）は金額が大きく税額への影響もあります。

　売上もれがないか、仕入の二重計上、翌事業年度のもの（在庫、仕掛とすべきもの）がないかを今一度確認しましょう。

　また、もれやダブりがなくても、計上する時期がずれていれば、税務調査での指摘対象となりますし、正しい数字が把握できません。

　計上基準も含めて気をつけましょう。

　役員賞与に該当してしまうと、法人の経費にならず、源泉所得税がかかるという問題も出てきます。

　役員貸付金にしたなら、返済計画を立てつつ、利息を取っておくというのもこの役員賞与対策になるでしょう。

　外注費が給与と認定されてしまうと、源泉所得税もかかり、消費税の原則課税の場合、仕入税額控除も否認されるということになってしまいます。

　役員退職金は、退職の事実の有無に気をつけましょう。

　退職金を払っているのに、経営の実権を握っているということがないようにしたいものです。

　役員報酬は増減のタイミング（事業年度開始3か月以内）や役員の家族や非常勤役員への支払いに気をつけたいものです。

　海外関係は、消費税の問題もありますし、海外特有の問題もあります。

　印紙についてももれがないかチェックしておきましょう。

　印紙がいらない形態（データ）も試したいところです。

　交際費は指摘を受けやすいポイントの1つですので、年800万円前後の場合はより気をつけましょう。

　インボイスや電子帳簿保存法はどこまでのチェックが入るかは不

透明ですが、必要最低限の部分は整えておきましょう。

・消費税原則課税の場合の仕入税額控除チェック（免除、1万円未満、インボイス制度の登録なしなど）

・発行する請求書のインボイス制度対応

・電子帳簿保存はお客様ごとに判断、スキャナ保存はしない方向性、電子取引はデータの整理を徹底

証拠づくりは欠かせません。

契約書、レシート、請求書等はそろえておきましょう。

お客様には、税務調査で指摘があると、どういうリスクがあるか、税務調査の担当者の特質、狙いなどをことあるごとに話しています。

いざ指摘された場合は、こういう罰金がかかって、仮装、隠蔽だと判断されたらさらに罰金が増えるということも事前に伝えています。

単に「税務署がダメと言いますよ」という言い方はしていません。

私の考えを伝え、共有しています。

税務調査はいつでも入り得るという認識で、決算のときに、「税務調査そろそろかな」というお客様には今一度確認の意味で話をしています。

税務調査官によって、その腕の違い、性格の違いもあります。

心配しすぎてもしかたのないことです。

ただ、「税務調査があっても安心です！」と期待値を高めないようにしましょう。

　お客様との人間関係の構築は欠かせません。

　信頼関係ができていれば、税務調査で何があったとしても問題ありませんし、お客様も納得していただけるものです。

　ただ、お客様の味方をしつつも、中立の立場は崩さないようにしましょう。

　税務調査のときだけ接する、税務調査のときにも接しない、安い価格で請け負っているから税務調査で指摘されてもこちらは知りませんよ、といったことは通じませんし、懲戒処分の対象になります。

　そして、何よりも自分が請け負っている顧問数を増やしすぎないというのが、税務調査の確率を減らすことにつながります。

　仕事量が増えると、それぞれのお客様対応もやはり薄くなるものです。

　独立したばかりのお客様が多いと、最初のうちは、税務調査がないのですが、数年たって、その方々の税務調査が続くことがあります。

　お客様と契約するときは、そのあたりも覚悟しておきましょう。

　税務調査前の準備として、資料づくりやお客様との打ち合わせをします。

　また、会計データを今一度チェックしておきましょう。

　準備するものは、

　・元帳3期分

・賃金台帳、社員リスト、組織図

・請求書、レシート、契約書等

・扶養控除申告書、源泉徴収簿

・賃貸借契約書、業務委託契約書、棚卸表

・消費税の課税区分別集計表

・規程（退職金、旅費等）

・議事録

　そして、お客様との打ち合わせのときに、ここは指摘されるかもしれませんといった話をし、調査対応業務の料金についても、事前にお伝えしておきます。

　税務調査が終わってからだと、後出しになるからです。

3 税務調査中にできること

　税務調査中は、基本的に立ち会うようにしています。

　ただ、その場にべったりというわけではなく、できれば別の部屋にいて、必要あれば呼んでいただくようにしていることが多いです。

　お客様には極力負担はおかけしないようにしつつ、初日の午前中は立ち会っていただき、お客様から税務調査官に事業の概要等を話していただいております。

　基本的に税務調査官の質問にはすぐ答え、税務調査がスムーズにすすむように協力します。

　「社長がしゃべりすぎないように」とよくいわれますが、税理士も

このときしゃべりすぎないように気をつけましょう。

　また、お客様にうかがってから答えるべきこともありますので、憶測で答えないようにしています。

　もしいわれもない指摘があっても、その場で答えを出さないようにしましょう。
　後日、税務調査後にじっくりと検討していただくこともできます。

　税務調査も人と人とのコミュニケーションです。
　税務調査官に敵意むき出しにしてもいいことはありません。

　ただ、税務調査官のなかでも高圧的な方、無茶なことをいう方もいらっしゃいます。
　そんなときも冷静に税務調査後に、その税務調査官の上司の方も含めて話し合いましょう。

　税務調査官の話すこと、やっていることをメモしておき、コピーしたものについても把握しておきましょう。
　税務調査後の報告に役立ちます。

❹　税務調査後にできること

　税務調査後は、追加資料のやり取り、質問対応などがあります。
　このあたりは、すみやかに対応しておきましょう。

ただ、私の場合は電話ではなく、できる限り書面でやり取りするよ
うにしています。

　このやり取りは、税務調査官の上司の方や審理部門からの要望へ
の説明資料として必要な場合が多いからです。
　どういう資料だったら説明しやすいか、税務調査官の上司の方や
審理部門の方が納得していただけるようなものをイメージしてやり取
りしましょう。
　そのほうが早く話がすすみます。
　お客様に安心していただくためにも早期決着を目指したいところで
す。

　必要に応じてお客様にも連絡しつつ、資料を添えましょう。
　心配されていることも多いでしょうから、そのときに進捗について
もお伝えしておくべきです。

　税務当局と交渉が必要になった場合は、法律、判例をもとにした
いものです（通達は、そのときに応じてです）。
　ときには税務署の方の指摘を認めたほうがいい場合もあるのです
が、それをお客様に伝えるときは、話し方に気をつけましょう。
　大事なのはお客様の納得感です。
　「ここについては断りました」「守りました」ということもきちんと
伝えることが大事です。

　税務調査に限らずここでも必要になるのが、交渉力です。やんわ

りとでいいので、自分が主導権を握るようにしましょう。

　修正申告書は、勘違いがないように書面で確認しつつ、最終的に
提出しましょう。
　そうしないと二度手間になることもあるからです。
　その後、納税がある場合は納税をしていただきます。

　修正申告、納税だけではなく、税務調査の報告をお客様にきちん
としましょう。
　・こういう指摘があった
　・ここを調べていた
　・税務調査時の会話
　・税務当局の要望を呑んだところ、そうではないところ
　・今後の課題、改善点、指針、基準づくり
　などを報告し、よりよい顧問業務というサービスにつなげたいもの
です。

第**15**章
相続税

1 この章のポイント

相続税の業務は、法人とはまた力の入れどころが変わってきます。

■力を入れるところ
・相続人の把握
・相続財産の把握
・相続税、贈与税の知識の提供
・お客様の納得感
・専門用語を使わない
・不動産があれば現場を見る
・添付資料
・事前の対策（遺言、生命保険）

■力を抜くところ
・節税
・試算の精度
・申告書控

2 相続税からは逃げられない

法人顧問をメインにしている方なら、相続税に関する業務はしないという選択肢もあるかもしれません。

しかしながら、税理士という仕事をしている以上、そうもいかないこともあり得ます。

　法人のお客様の顧問をしている以上、相続の問題が絡んでくることがあるからです。

　社長、家族の相続、相続を受けるケース、事業承継、株の評価など多くの論点があります。

　自分もお客様も同じように歳を重ねるわけですからお付き合いが長くなればなるほど相続のニーズ、仕事が発生するということは十分あり得ます。

　相続税に関する仕事の非常に大きな特徴は、経験を積みにくいということがあります。

　所得税や法人税であれば、仕事の経験を積むことができるのですが、相続税はいざやろうと思っても、なかなかそうはいきません。

　とはいえ、積めない経験、ない経験はしかたありません。

　必要となったときに動き、勉強するようにしましょう。

　いくらセミナーを聞いて勉強しても、実際に自分でやってみなければなかなか頭に入ってこないものです。

　力の入れどころについて知っておき、意識しておきましょう。

　さらに、相続税の仕事の依頼があったときに、コンサルティングで学ぶのがおすすめです。

③　相続に関してお客様へ伝えておきたいこと

　税理士業で力を入れておきたいのは、前述のとおり、節税、お金、

税務調査です。

　相続税も節税について考えておきましょう。

　相続に関する資金繰りとは、

　・お金を残せるか

　・相続税の問題はなくても相続の問題があり、それを解決できるか

　・いかにスムーズに揉めることなく相続していただくか

　といったことです。

　そして、税務調査を意識することも欠かせません。

　相続税は申告書に入れれば、計算できます。

　Excelで試算できるようにしておいて自分の中で整理しておくということも大事です。

　試算の際には配偶者だから税額控除があって、法定相続人以外だったら2割加算があるといったことを全体的におさえて、お客様にざっくりとした金額を伝えておきましょう。

　個人・法人を問わず既存のお客様に相続の話をすることが、相続の仕事を得る1つのルートです。

　個人・法人のお客様のお金を守るということを考えると、相続を抜きには語れません。

　金額も大きくなります。

　相続をする側も相続を受ける側も相続のことについて考えていただく機会を持ちましょう。

　折に触れて、今どのぐらい財産があるかどうかをさっと試算しておくこともやっておきたいものです。

　できるなら、お客様が健康なうち、若いうちに話をしておきましょう。

　40歳、50歳といった区切りもおすすめです。

　相続税の節税に関して言うと、
　・期限までに申告納税
　・小規模宅地の特例
　・生前贈与
　・生命保険
　・死亡退職金、弔慰金
　・遺言
　・相続時精算課税制度
　・株
といったところをおさえておきましょう。

　このうち法人のお客様で大きな要素を占めるのが株。

　会社の株の評価はまずやっておきたいものです。

　その上で相続の話ができます。

　相続を待っていてもいいのか、贈与したほうがいいのかの判断はしていきましょう。

　また株が分散している場合も気をつけなければいけません。

　お金を多少払うことになっても、決着を付ける方向で動いてみましょう。

　法人のお客様の決算予測時に、株価を試算し、株価が今後上がる

ようであれば、移転しておきたいものです。

　相続時精算課税制度は、2024年から使い勝手がよくなり、選択肢としての有力度が上がりました。

4 相続税のチェックポイント

　相続税の業務の受注があったときには、まず全体像を把握しましょう。
　　・スケジュール（期限までどのくらいか）
　　・法定相続人
　　・おおまかな財産、分割できるかどうか
　　・相続放棄をするか
　　・準確定申告は必要か
　　・生命保険はあるか
　　・不動産があるか
　　・財産は把握できているか
　　・遺言はあるか
　　・株はあるか

　名義預金、財産もれはなくしたいものです。
　税務調査の結果、延滞金や過少申告加算税があると、財産を失ってしまいます。

　名義預金についてはどういった性質のものかの解説、タンス預金

はないかといった確認も欠かせません。

　名義預金は税務調査でよく問題になるということもきちんと伝えましょう。
　ご家族の名義の預金で自分が預金しているものはないか、可能であればチェックしたいものです。
　残高証明書を取ると把握してない預金や定期預金が出てくることもあるので、取っておくといいでしょう。

　私の場合、お客様ご本人の預金は6年以上、できれば10年見るようにし、申告書に添付しています。

　もれがないようにコミュニケーションをとる、じっくりと時間をかけてヒアリングするということが大切です。

　相続人の方がご年配、または税理士と接するのに慣れてないという方も多いので、より丁寧に接したいものです。
　基本的に相続人の方とは会うようにしましょう。
　お悔やみも含めて、ご自宅にうかがっておきたいものです。

　節税の手法は、養子やマンション購入も含めて、すべてお伝えして、そのメリット、デメリットを話しておきましょう。

　戸籍謄本をはじめとする書類は、相続に長けた司法書士に依頼したほうが効率的です。

相続財産の分割に関してもまとめておきましょう。

		甲様	A様	B様
預金	通帳より	2,500万円		2,500万円
土地	路線価×面積	1,200万円	1,200万円	
建物	固定資産税評価額	500万円	500万円	
株式	30万円×10株	300万円	300万円	
ゴルフ会員権	時価×70%	20万円	20万円	
生命保険	各人へ	5,000万円	3,000万円	2,000万円
相続財産合計		9,520万円	5,020万円	4,500万円

法律は法律、感情は感情です。

親の介護をしていたから多めに相続するというのもなかなか難しいものです。

遺言があれば揉めないかというとそうでもありません。

遺言に関しては、遺留分を考慮すべきであり、自分で書いて自宅に保管しておけばいいというものではないということもお伝えしなければいけません。

生命保険は受取人が決まっているので分割しなくていいもの。

このしくみもうまく使っていただくようにしましょう。

相続においても「うちは大丈夫」を鵜呑みにせずにネガティブなケースも考えるのが税理士の役割です。

相続税の納税資金についても考えておかなければいけません。

相続税は、節税よりも納得感が大事です。

いくら節税できても、揉めては意味がありません。

ある意味、相続税の節税は力を抜きましょう。

このあたりは、法人とはまた違う点です。

⑤　相続税の報告・提出

　相続税の申告の際には、納税も含めてその後のスケジュールや手続きについても伝えましょう。

　名義変更の手続きもあり得ます。

1　相続税申告書提出（井ノ上〜8/28）

2　控、ご請求書郵送（井ノ上）

3　手続き

	A様	B様	※預金
預金		名義変更	法定相続情報一覧図
土地（○○）	名義変更		印鑑証明書（原本）
建物（○○）	名義変更		遺産分割協議書（原本）
土地（○○）	名義変更	名義変更	預金通帳
ゴルフ会員権	退会手続		
小判	（売却）		

4　税務調査について

　その他に、葬式代を誰が立て替えているか、香典は誰が受け取っているかなど、細かい論点はあります。

　請求書を相続人の誰に向けてお送り（お渡し）するかについて調整が必要な場合もあります。

　提出に関してはe-Taxです。

相続人ごとの代理権限証書、利用者識別番号が必要な点に気をつけましょう。

　添付資料は、e-Taxで送信する場合には容量制限があるので（Webゆうびんも8ページまでの枚数制限があります）、郵送で出しています。

　その添付資料も含めて、お客様控をつくりましょう。

　控は、代表の方にお渡しするようにしています。

おわりに

本書をお読みいただき、ありがとうございました。

『「繁忙期」でもやりたいことを諦めない！税理士のための業務効率化マニュアル』に続き、本書を書かせていただいたのは、みなさんに時間をつくっていただくためです。

　時間をつくるには、力の入れどころと力の抜きどころの見極めが欠かせません。
　もちろん、本書に書いたのは、私のケースです。
　みなさんなりの力の入れどころ・抜きどころを見つけていただければと思います。

　・お客様が価値を感じてらっしゃらないところ
　・実は嫌で、やりたくないこと
　・時間がかかりすぎていること
などをヒントに、力を抜いてみましょう。

　力を抜くのが苦手な方は、徹底して練習しつつ、
　・手を抜くわけではない
　・お客様のためになること
　・力を入れるべきところに時間を使うため
と唱えていただければと思います。

力を抜く鍛練として、平日にふらっと遊びに行くのもおすすめです。

　税理士試験の勉強をし、お堅い税理士業界に勤めて独立すると、どうしても凝り固まってしまいます。

　まずはそれをほぐしましょう。

　柔軟な思考なくして、力は抜けません。

　「真面目」を捨てましょう。

　これを書いているのは2023年12月7日（木曜日）。

　いわゆる繁忙期が始まった頃です。

　しかし、私に繁忙期はありません。

　今日は、本書の原稿チェック、動画編集・送信（前日の税理士実務セミナー【懲戒処分2023】）、Zoomでの個別コンサルティング（動画販売、生き方などについて）、Zoomでのカメラ入門セミナーの開催という仕事でした。

　今日の税理士業務は、メール3件、請求書作成・送信、譲渡所得の確定申告の連絡だけです。

　夜は小学生の娘と「スーパーマリオブラザーズワンダー」と「どうぶつしょうぎ」をします。

　娘が寝た後は、自分のゲームもする予定です。

　明日は、宮崎の実家に行きます。

　もちろんパソコンを持っていき、道中、ゆるく仕事はします。

　（日課のブログ、メルマガ税理士進化論、YouTube、Voicyも当然

やります）

　日曜日はフルマラソンです。

　月曜日に戻ってきます。

　11月は稚内に行きました。

　12月は金沢、1月は札幌・山形、2月は熊本・京都、3月は熱海に行く予定です。

　ひとりで誰も雇っていませんので、仕事を任せることはできません。

　ただ、力の入れどころと抜きどころをうまく見極めれば、仕事もプライベートも楽しめ、自分の望む生き方ができます。

　今の生き方が望むものであれば、それで問題ありません。

　そうでないならば、本書を参考に、力の入れどころと抜きどころを見極めていただければ幸いです。

著者紹介

井ノ上　陽一

効率化コンサルタント・税理士。
1972年大阪生まれ。宮崎育ち。
総務省統計局で3年働いた27歳のとき（2000年）に、生き方を変えるため税理士試験に挑戦。3年後に資格取得、2007年に独立。

拡大せず、時間とお金のバランスをとる「ひとり税理士」を提唱。

税理士としての知識・スキルを最大限に発揮すべく、IT効率化ノウハウを提供し続けている。

そのスタイルに影響を受け、独立する税理士も数多く、4,000日以上配信し続けている無料メルマガ「税理士進化論」で、独立にむけてのサポートも行っている。
ブログは6,000日以上毎日更新。

著書に『「繁忙期」でもやりたいことを諦めない！税理士のための業務効率化マニュアル』『税理士のためのRPA入門』『ひとり税理士の仕事術』『インボイス対応版ひとり社長の経理の基本』『新版 そのまま使える経理＆会計のためのExcel入門』など。

・ブログ「独立を楽しくするブログ」(「井ノ上陽一」で検索)
　https://www.ex-it-blog.com

・メルマガ「税理士進化論」

・YouTubeチャンネル『効率化コンサルタント・税理士井ノ上陽一
　の仕事術』
　https://www.youtube.com/c/yoichiinoue

・Voicy『ひとりしごとの営業術』
　https://voicy.jp/channel/3686

サービス・インフォメーション

──── 通話無料 ────

① 商品に関するご照会・お申込みのご依頼
　　　　　TEL 0120(203)694／FAX 0120(302)640
② ご住所・ご名義等各種変更のご連絡
　　　　　TEL 0120(203)696／FAX 0120(202)974
③ 請求・お支払いに関するご照会・ご要望
　　　　　TEL 0120(203)695／FAX 0120(202)973

●フリーダイヤル（TEL）の受付時間は、土・日・祝日を除く
　9：00〜17：30です。
●FAXは24時間受け付けておりますので、あわせてご利用ください。

すべてをがんばりすぎなくてもいい！
顧問先の満足度を高める税理士業務の見極め方

2024年3月20日　初版発行

著　者　　井ノ上　陽　一

発行者　　田　中　英　弥

発行所　　第一法規株式会社
　　　　　〒107-8560　東京都港区南青山2-11-17
　　　　　ホームページ　https://www.daiichihoki.co.jp/

税業務見極め　ISBN 978-4-474-09352-2 C2034 （6）